रज़ा पुस्तक माला

आधुनिकता और पैगन सभ्यताएँ

संवाद

रज़ा फ़ाउण्डेशन | THE RAZA FOUNDATION

आधुनिकता और पैगन सभ्यताएँ

सुरेश शर्मा से
उदयन वाजपेयी का संवाद

राजकमल प्रकाशन

रज़ा पुस्तक माला : **संवाद**
प्रधान सम्पादक : अशोक वाजपेयी | सम्पादक : पीयूष दईया
राजकमल प्रकाशन प्रा.लि. और रज़ा फ़ाउण्डेशन का सह-प्रकाशन

ISBN : 978-93-89598-76-6

मूल्य : ₹ 395

पहला संस्करण : 2021

प्रकाशक : राजकमल प्रकाशन प्रा. लि.
1-बी, नेताजी सुभाष मार्ग, दरियागंज
नई दिल्ली-110 002

शाखाएँ : अशोक राजपथ, साइंस कॉलेज के सामने, पटना-800 006
पहली मंज़िल, दरबारी बिल्डिंग, महात्मा गाँधी मार्ग, प्रयागराज-211 001
36 ए, शेक्सपियर सरणी, कोलकाता-700 017

वेबसाइट : www.rajkamalprakashan.com
ई-मेल : info@rajkamalprakashan.com

मुद्रक : यश प्रिंटोग्राफिक्स
ग्रेटर नोएडा-201 310 (उत्तर प्रदेश)

ADHUNIKTA AUR PAIGAN SABHYATAYEN
*Conversation with Suresh Sharm*a by Udayan Vajpeyi

दीपा जी और नेहा के लिए

आमुख

कलाओं में भारतीय आधुनिकता के एक मूर्धन्य सैयद हैदर रज़ा एक अथक और अनोखे चित्रकार तो थे ही उनकी अन्य कलाओं में भी गहरी दिलचस्पी थी। विशेषत: कविता और विचार में। वे हिन्दी को अपनी मातृभाषा मानते थे और हालाँकि उनका फ्रेंच और अँग्रेज़ी का ज्ञान और उन पर अधिकार गहरा था, वे फ्रान्स में साठ वर्ष बिताने के बाद भी, हिन्दी में रमे रहे। यह आकस्मिक नहीं है कि अपने कला-जीवन के उत्तरार्द्ध में उनके सभी चित्रों के शीर्षक हिन्दी में होते थे। वे संसार के श्रेष्ठ चित्रकारों में, २०-२१वीं सदियों में, शायद अकेले हैं जिन्होंने अपने सौ से अधिक चित्रों में देवनागरी में संस्कृत, हिन्दी और उर्दू कविता में पंक्तियाँ अंकित कीं। बरसों तक मैं जब उनके साथ कुछ समय पेरिस में बिताने जाता था तो उनके इसरार पर अपने साथ नवप्रकाशित हिन्दी कविता की पुस्तकें ले जाता था : उनके पुस्तक-संग्रह में, जो अब दिल्ली स्थित रज़ा अभिलेखागार का एक हिस्सा है, हिन्दी कविता का एक बड़ा संग्रह शामिल था।

रज़ा की एक चिन्ता यह भी थी कि हिन्दी में कई विषयों में अच्छी पुस्तकों की कमी है। विशेषत: कलाओं और विचार आदि को लेकर। वे चाहते थे कि हमें कुछ पहल करनी चाहिए। २०१६ में साढ़े चौरानबे वर्ष की आयु में उनकी मृत्यु के बाद रज़ा फ़ाउण्डेशन ने उनकी इच्छा का सम्मान करते हुए हिन्दी में कुछ नयी क़िस्म की पुस्तकें प्रकाशित करने की पहल रज़ा पुस्तक माला के रूप में की है, जिनमें कुछ अप्राप्य पूर्व प्रकाशित पुस्तकों

का पुनर्प्रकाशन भी शामिल है। उनमें गाँधी, संस्कृति-चिन्तन, संवाद, भारतीय भाषाओं से विशेषत: कला-चिन्तन के हिन्दी अनुवाद, कविता आदि की पुस्तकें शामिल की जा रही हैं। पुस्तकों पर रज़ा साहब और उनके समकालीन मित्र चित्रकारों आदि की प्रतिकृतियाँ आवरणों पर होंगी।

रज़ा पुस्तक माला के अन्तर्गत हम अपने समय के कुछ गम्भीर चिन्तकों और लेखकों से सुदीर्घ संवाद की एक सीरीज़ प्रकाशित कर रहे हैं। ये संवाद पहले हमारी पत्रिका 'समास' में प्रकाशित होते हैं और फिर उन्हें पुस्तकाकार प्रकाशित किया जाता है। अब तक इस सीरीज़ में अनेक संवाद प्रकाशित हो चुके हैं।

सुरेश शर्मा हमारे बीच एक ऐसे समाज-चिन्तक के रूप में सुप्रतिष्ठित रहे हैं जो सटीक-सुसंगत और प्रखर ढंग से सभ्यता-समीक्षा करते रहे हैं। आधुनिकता का, भारतीय सन्दर्भ में, प्रश्नांकन करने की हमारे यहाँ एक लम्बी और सशक्त परम्परा रही है। सुरेश शर्मा पैगन सभ्यताओं और आधुनिकता के जटिल सम्बन्ध पर इस संवाद में बहुत गहराई से विचार करते हैं। आधुनिकता की आक्रान्ति ने कैसे पैगन दृष्टियों को अतिक्रमित करने की चेष्टा की है, उसके क्या प्रतिफल हुए हैं और कैसे पैगन दृष्टि उत्तरजीवी हो सकी है इस बारे में सुरेश शर्मा की अन्तर्दृष्टि हमें अपनी सभ्यता और आधुनिकता के सम्बन्ध और द्वन्द्व पर पुनर्विचार करने के लिए उत्तेजित करती है।

अशोक वाजपेयी

अक्टूबर २०२०, नयी दिल्ली

प्रस्तावना

सुरेश शर्मा हमारे समय के उन चिन्तकों में हैं जिनके चिन्तन का दायरा बहुत व्यापक रहा है। पर इस अर्थ में सुरेश विलक्षण थे कि वे इनमें से हर विषय पर बेहद गहरायी से विचार करने में सहज समर्थ थे। उनकी जनजातीय अस्मिता पर लिखी किताब का एक भी पैराग्राफ़ पढ़कर कोई भी पाठक यह समझ सकता है कि उसमें सुरेश की गहन मंशा स्पन्दित हो रही है। सुरेश उन विरले चिन्तकों में भी गिने जायेंगे जो भारतीय सभ्यता को अन्य प्राचीन और आधुनिक सभ्यता की संगत में रखकर देख सकते थे। इसलिए यह आश्चर्यजनक नहीं है कि पिछले अनेक वर्षों से इस सभ्यता की भीतरी टूटन उन्हें निरन्तर चिन्तित किये रहती थी। वे भारतीय या किसी भी अन्य सभ्यता को अलग-थलग देखने के पक्षधर नहीं थे। उनकी दृष्टि में तमाम सभ्यताएँ एक-दूसरे से संवाद करते हुए ही अपनी यात्रा करती रहती हैं। वे उन बहुत कम विचारकों में हैं जिन्होंने भारतीय सभ्यता को एक पैगन सभ्यता के रूप में चिन्हित करने का साहस किया। यहाँ मैं साहस इसलिए कह रहा हूँ क्योंकि उसे इस तरह चिन्हित करने के ख़तरे कम नहीं हैं। इसके साथ ही सुरेश ने पैगन सभ्यता के विविध लक्षणों और उनके आधारभूत मूल्यों को भी पहचानने का ऐसा प्रयास किया जो भारतीय बौद्धिक परिदृश्य में इतने स्पष्ट और प्रांजल ढंग से लगभग नहीं किया गया है।

वर्षों पहले सुरेश, निर्मल वर्मा को, मध्यप्रदेश के ही एक शहर सिंगरौली ले जाने भोपाल आये थे। सिंगरौली में औद्योगिकीकरण के फलस्वरूप

होने वाले पर्यावरण और सामाजिक विनाश की सम्भावना से ये दोनों ही बौद्धिक बेहद निराश थे और सुरेश चाहते थे कि निर्मल जी सिंगरौली जाकर उस विभीषिका को अपनी आँखों से देखें। वे पहली मुलाक़ात में ही मुझे बेहद सरल और चिन्तनशील जान पड़े थे। आज यह याद कर पाना मुश्किल है कि हम किस विषय पर बात करते रहे थे पर उस मुलाक़ात का इतना प्रभाव आज भी मेरे मन पर है कि मैं कह सकूँ कि सुरेश पूरे आवेग से बात कर रहे थे। उनका यह बौद्धिक आवेग मुझे हमेशा उनकी ओर आकर्षित करता रहा। उनसे अगली मुलाक़ात विचित्र संयोग के चलते हुई थी। अँग्रेज़ी की एक पत्रिका के लिए मेरा एक यात्रा-वृत्तान्त का आलोक भल्ला ने अँग्रेज़ी में अनुवाद किया था। यह यात्रा-वृत्तान्त पहाड़ी कोरबा जनजाति के बीच मेरे जाने का था। मैं एक फ़िल्म के सिलसिले में रायगढ़ ज़िले के जशपुर नगर क्षेत्र के उन कुछ गाँवों में घूमा था जहाँ पहाड़ी कोरबा रहा करते थे। सुरेश ने जनजाति जीवन में अपनी गहरी रुचि के कारण इस यात्रा-वृत्तान्त का अँग्रेज़ी अनुवाद अपनी पत्नी दीपा जी के भाई आलोक भल्ला से लेकर पढ़ा था। दिल्ली में जब किसी समारोह में मेरी उनसे भेंट हुई, वे मुझसे बहुत देर तक पहाड़ी कोरबा जनजाति की आधुनिक युग में मुश्किलों के बारे में बात करते रहे। उनके बात करने में यह लग ही नहीं रहा था कि वे किन्हीं 'दूसरे' लोगों के विषय में बात कर रहे थे। मुझे पूरा समय यह लगता रहा मानो आधुनिक समय में जनजातियों के उजड़ने की पीड़ा उन्हें भीतर तक कचोट रही थी। मैंने बहुत से नृतत्त्वशास्त्रियों को सुना और पढ़ा है पर सुरेश के जैसा उनसे आत्मीय होकर उन्हें समझने का प्रयास लगभग नहीं देखा।

एक और घटना याद किये बिना नहीं रह सकता। सुरेश से अनेक मुलाक़ातों के बाद इतना मैं जानता था कि उनके मन में मेरे बेहद प्रिय इतिहासकार धर्मपाल के काम के प्रति सम्मान और प्रश्न दोनों ही हैं। हम इस बारे में अक्सर विचार-विमर्श भी करते थे। सुरेश को यह लगता था कि धर्मपाल आधुनिकता की चुनौती को जितना कम आँक रहे हैं, और साथ ही उसके भीतर की प्रवृत्तियों का जैसा विश्लेषण कर रहे हैं, वह अपर्याप्त है। इसके बाद भी धर्मपाल जी की मृत्यु के बाद सुरेश ने ही सी.एस.डी.एस. में उनके योगदान पर बहुत सुन्दर विचार गोष्ठी का आयोजन किया था जिसमें जीत ओबेरॉय, नवज्योति सिंह जैसे अनेक विलक्षण विचारकों ने

शिरकत की थी। यह एक सच्चे बौद्धिक का नैतिक आचरण था।

पिछले लगभग दस-पन्द्रह वर्षों से मैं जब भी दिल्ली गया, सुरेश से अवश्य मिला। मैं यहाँ तक कहूँगा कि मेरे दिल्ली जाने के आकर्षणों में एक सुरेश से मिलना रहा है। यहाँ यह कहता चलूँ कि सुरेश की चिन्तनशीलता अनिवार्यतः संवादमूलक थी। वे संवाद के रास्ते नये-नये विचारों को उद्घाटित करते थे। वे उन विचारकों में थे जो सोचा हुआ तो बोलता ही है पर साथ ही बोलते हुए भी निरन्तर सोचता है। उनका यह सोच साहित्य, चित्रकला, दर्शन, राजनीति, नृतत्वशास्त्र, इतिहास, सिनेमा, चीनी संस्कृति आदि अनेक विषयों से होकर पूरी गहनता से चलता था। मैं जब भी उनसे मिलकर लौटा, थोड़ा अधिक समृद्ध होकर लौटा।

सुरेश शर्मा के जाने से दिल्ली नगर मेरे लिए कुछ और सूना हो गया है।

—उदयन वाजपेयी

क्रम

(यह बातचीत हमने इसी बरस दिल्ली में की थी। बातचीत का पहला हिस्सा १५ मई को और दूसरा हिस्सा १६ मई को सम्पन्न हुआ है। सुरेश बहुत सोचकर धीरे-धीरे बोलते हैं। उनके बोलने में हिन्दी और अँग्रेज़ी दोनों ही भाषाएँ सहज रूप से आती हैं। वे बोलते हुए भी सोचते रहते हैं इसलिए उनकी बात कभी भी बासी नहीं जान पड़ती मानो उनकी बुद्धि का एक हिस्सा बोलने में लगा होता है और दूसरा अपने बोले हुए को सुनता रहता है। इन दोनों हिस्सों के संवाद के फलस्वरूप ही उनका कथन आकार लेता है। यह बात करने के पहले हमने यह तय नहीं किया था कि हम इसे किस दिशा में ले जायेंगे। वह सहज रूप से बहती हुई वहाँ चली गयी जहाँ उसे जाते हुए आप पा रहे हैं। जिस बड़े धरातल पर सुरेश सोचते हैं वह आज के विश्व में बहुत कम लोग कर पाते हैं। मैं सुरेश के अलावा सिर्फ़ इतिहासकार धरमपाल को इस स्तर पर सोचते हुए पाता था। मेरा ख़याल है कि यह बातचीत हिन्दी के पाठकों को नयी वैचारिक ऊर्जा प्रदान करेगी और साथ ही विश्व को देखने की नयी दृष्टि देकर हिन्दी में बहस के दायरे विस्तृत करेगी।)

उदयन वाजपेयी : मुझे यह पता है कि आपका बचपन और कैशोर्य कई देशों में बीते हैं। आपने कुछ वर्ष चीन में भी बिताये हैं। आपने विभिन्न सभ्यताओं के अन्तर्सम्बन्धों पर जो विचार-विमर्श किया है, उस पर आपके चीन के अध्ययन का बहुत प्रभाव दीखता है इसलिए हम यह जानने को उत्सुक हैं कि चीन में आपको किस तरह के अनुभव

हुए। क्या आप उन दिनों की स्मृतियों का हमसे साझा करना चाहेंगे?

सुरेश शर्मा : मेरा चीन प्रवास सन् १९५५ से १९५९ की शुरुआत तक रहा। उन वर्षों में वहाँ के शासकों का यह प्रयास था कि चीन अपने अतीत से अधिक से अधिक फ़ासला बना सके। अपने अतीत को तिरोहित करने, तिरस्कृत करने का वहाँ गम्भीर प्रयास हो रहा था। वह प्रयास इतने व्यापक पैमाने पर था कि जीवन का एक भी पहलू इससे अछूता नहीं बचा था। मेरी उन दिनों की यादों में माओ का वह कथन है जहाँ उन्होंने कहा था कि अन्न मनुष्यों के लिए उगता है और चिड़िया उसका बड़ा अंश खा जाती हैं इसलिए उन्हें ख़त्म कर देना चाहिए। इस कथन के आलोक में उन्होंने गौरैयों के पूर्ण विनाश का विराट अभियान चलाया था। उस अभियान में ढेरों लोग शामिल हुए थे। लोग तमाम तरह की आवाज़ें करने वाली चीज़ें हाथों में उठाये सड़कों पर घूमा करते थे। चीन के वैज्ञानिकों ने हिसाब लगाया था कि अगर गौरैया को दो घण्टों तक बैठने न दिया जाये तो वह थककर अपने आप ज़मीन पर गिर जाती है। इसलिए लोगों का यह प्रयास रहता था कि वे गौरैयों को क्षणभर भी कहीं बैठने न दें, कोशिश रहती थी कि वे इन चिड़ियों को लगातार डराते रहें ताकि वे उड़ते रहने को विवश हो जायें।

हमारे घर में एक छोटी-सी बगीची होती थी, वहाँ कई गौरैयों ने शरण ले ली थी। गौरैयों को हमारी बगीची में शरण लेते देख, बहुत से लोग इकट्ठा हो गये और हमसे बोले कि चेयरमैन माओ के आदेश से हमें गौरैयों को ख़त्म करना है, इसलिए आप हमें बगीची में घुसने की इज़ाज़त दें कि हम आपके पेड़ों में छिपी गौरैयों को मार सकें। हमारी माँ ने उनसे कहा, 'यह नहीं हो सकता।' उन लोगों ने कुछ विस्मय से शिकायत की, 'आप ऐसा क्यों कह रही हैं, ये गौरैया हमारा इतना सारा खाना खा जाती हैं। मनुष्यों के लिए उगे अन्न को ये खा जाती हैं।' हमारी माँ ने उनसे कहा, 'हम तो अपने खाने में से इनको खाने को देते हैं।' कुछ देर की चुप्पी के बाद उस जमघट में से किसी ने कहा, 'यह बढ़िया तरकीब है, आप ज़रूर उनके खाने में ज़हर मिला देती होंगी।' मुझे नहीं पता कि उन्होंने यह बात मज़ाक़ में कही थी या वे ऐसा ही मानते थे। मसला यहीं आकर ख़त्म हो गया। मेरे पिता दूतावास में थे इसलिए उनके बगीचे में जबरन प्रवेश करना मुश्किल

था। मुझे वह दृश्य आज भी बहुत साफ़-साफ़ याद है। सालों बाद मैंने कहीं पढ़ा कि उन वर्षों में चूँकि गौरैयों को बड़ी संख्या में मार दिया गया था इसलिए चीन के खेतों में कीड़ों की संख्या बहुत अधिक हो गयी। फिर से सन्तुलन कायम करने की ख़ातिर चीन को बड़े पैमाने पर गौरैयों का आस्ट्रेलिया से आयात करना पड़ा था। इसी तरह, वहाँ चूहों के ख़िलाफ़ भी अभियान चलाया गया था।

उसके पीछे भी वही तर्क था?

हाँ, उसके पीछे भी तर्क वही था। लेकिन उसमें सफलता कम ही मिल पायी। मेरी दूसरी याद चीनी मिट्टी के बर्तनों को लेकर है। पकी मिट्टी के चमकीले बर्तनों के बनने की शुरुआत चीन में हुई थी इसीलिए उन्हें चीनी मिट्टी के बर्तन कहा जाता है। यूरोप की भाषाओं में भी 'चायना' का अर्थ 'ग्लेज़्ड पॉटरी' ही है। ये बहुत महँगे हुआ करते थे, ख़ासतौर पर सोलहवीं-सत्रहवीं शताब्दी के मिंग काल की नीली-सफ़ेद पॉटरी इतनी नफ़ीस थी कि उनके कुछ हिस्से लगभग पारदर्शी हुआ करते थे, उनकी दीवारों से प्रकाश छनकर भीतर झलकता था, अगर वे बर्तन टूट जाते थे, उन्हें रिवट लगाकर जोड़ने का प्रचलन था। वे रिवट पीतल के होते थे। बर्तनों को इस बारीकी से जोड़ा जाता था कि उनमें आप पानी भी पी सकते थे, वह रिसकर बाहर नहीं आता था। इन टूटे बर्तनों को जोड़ने वाले कारीगर साइकिलों पर मुहल्लों में घूमा करते थे। उनकी विशेष आवाज़ हुआ करती थी जिसे पहचान कर लोग अपने टूटे चीनी मिट्टी के बर्तनों को सुधारने के लिए उन्हें बुलाते थे। यह बड़े ऊँचे दर्जे की कारीगरी हुआ करती थी। इस सन्दर्भ में मैं सन् साठ के दशक के अन्तिम वर्षों की एक घटना का ज़िक्र करना चाहूँगा : दिल्ली के पुराने क़िले में हुई खुदाई में मिले रिवट लगे कुछ मिंग पॉटरी के अवशेष प्रोफ़ेसर टान चुंग को निरीक्षण के लिए भेजे गये थे। उससे यह अनुमान लगाया जा सकता है कि मिंग पॉटरी के साथ-साथ रिवट लगाने की कारीगरी का आयात सम्भवत: उस समय भारत में हुआ होगा। अब वह कला-कौशल चीन में भी नहीं बचा होगा। चीन अब बिल्कुल बदल गया है।

अब मैं कौशल-कारीगरी को प्राचीन चीन के बचे रह गये सिलसिले की

तरह देखता हूँ। यह बात अलग है कि उन दिनों तो वह मेरे लिए महज़ एक कुतूहल का विषय हुआ करती थी। मैंने उन्हें चीनी मिट्टी के टुकड़ों को जोड़ते हुए कई बार देखा था। वे टुकड़ों को उठाते थे, उनमें दो सूराख़ करते थे और उनमें पीतल के रिवट डालते थे। परम्पराओं से जुड़ी नित्य कर्म की चीज़ें इसी तरह हर जगह बची रहा करती हैं। लेकिन जब कोई बहुत उथल-पुथल का समय आता है और समस्त जीवन-अस्तित्व के दार्शनिक आधार तिरस्कृत होने लगते हैं, उनके राजनैतिक-सामाजिक आधार भी ध्वस्त हो जाते हैं तब भी सामान्य जीवन जीने के साथ जुड़ी हुई वस्तुएँ बची रहती हैं। उन्हें ध्वस्त करना मुमकिन नहीं होता। उनको ध्वस्त करने की ज़रूरत भी उस तरह महसूस नहीं की जाती। यह अवश्य है कि विशेष सन्दर्भों में ऐसी ज़रूरत भी महसूस की जाने लगती है। उदाहरण के लिए, यूरोप में ईसाई धर्म के वर्चस्व के बाद रोमन स्नानागार बन्द कर दिये गये थे। इसका एक परिणाम यह हुआ कि यूरोप में रोज़ नहाने की परम्परा समाप्त हो गयी। यह परम्परा दुबारा उन्नीसवीं शताब्दी में प्रारम्भ हो सकी। यह दुबारा शुरू होना भी कुछ हद तक ही होता है। इसीलिए जेरूसलम की फतह के लिए शुरू किये गये क्रुसेड के दौरान जब यूरोप से लोग जेरूसलम जाते, या सीरिया जाते, तो उन्हें वहाँ के हमाम अद्‌भुत जान पड़ते थे क्योंकि ये वे चीज़ें थीं जो उनके अनुभव और स्मृति से निकल चुकी थीं। पर वे रोमन सभ्यता के महत्त्वपूर्ण स्थल थे। ऐसी चीज़ें मिटती हैं लेकिन विशेष कारणवश ही ऐसा हुआ करता है। इनके नष्ट होने के पीछे कोई बड़ा धर्मशास्त्रीय या राजनैतिक या दार्शनिक तर्क हुआ करता है।

शायद इसीलिए जब आपकी माँ ने गौरैयों को बचाने की बात की होगी, उन्हें मारने आये लोग उनकी बात को समझ गये होंगे।

आज मुझे ऐसा लगता है कि उन्माद भरे उस जमघट में भी कुछ लोग उस बात को अवश्य समझे होंगे। हालाँकि उनके लिए भी सन्दर्भ और काल का ख़ौफ़ इतना तीव्र रहा होगा कि उन्हें उस पहचान को स्वयं से भी छिपाना ज़रूरी लगा होगा।

वे कुछ लोग ये अवश्य जानते होंगे कि भले ही माओत्से तुंग ने किसी

राजनीति के तहत गौरैयों को मारने का अभियान चलवाया है पर उनके गहनतम अन्तस में यह बात अवश्य रही होगी कि गौरैयाँ उनके अपने जीवन का ही अंग रही हैं। जैसे कि संसार की लगभग सभी सभ्यताओं में पशु-पक्षी मनुष्य के जीवन का अभिन्न अंग रहे हैं।

यह बात निश्चय ही उनके अन्तस में रही होगी। मैं एक और बात आपके सामने रखता हूँ। सामान्य जीवन की लय में कुछ चीज़ें अनायास ही जीवित रह जाती हैं।

इस बिन्दु पर मैं सामान्य जीवन की लय का, इतिहास के विराट परिप्रेक्ष्य में, ज़िक्र करना चाहूँगा। सामान्य जीवन-लय में कुछ चीज़ों का अनायास जीवित रह जाना, मानव अस्तित्व के विशेष आयाम को इंगित करता है। जीवन शैली, चिन्तन-विधा, एक ही स्वर, एक ही धुरी में बाँधने-समेटने के बहुत से निर्मम प्रयास हुए हैं। लेकिन उनको सफलता आंशिक ही मिल पायी। मार्क्सवादी परम्परा में विशेषतया, लेकिन यूरोप में और हमारे यहाँ भी यही कहा जाता रहा है कि राजनीति से परे कुछ भी नहीं है। माओ के चीन में गौरैयाँ राजनैतिक वस्तु हो गयी थीं, वे प्रकृति का एक सहज अंग नहीं बची थीं। हर चीज़ को राजनैतिक अस्तित्व देना, उसे एक राजनैतिक यथार्थ बनाना बहुत ही ख़तरनाक रुझान है, सोच के लिए भी, जीवन के लिए भी। बीसवीं शताब्दी में बहुत बड़े पैमाने पर इसका प्रयोग हुआ और वर्चस्व बना। वह प्रवृत्ति अभी भी समाप्त नहीं हुई है, बार-बार लौटकर आती है। यह विचार कि कुछ भी मानवीय नियन्त्रण और विनियोजन से परे नहीं है, भयावह है–विमर्श के स्तर पर और कर्म के स्तर पर भी। इसका भयावह पक्ष यह है कि अगर कोई चीज़ मानवीय नियन्त्रण से बाहर है तो उसे आदर्शतः उसके भीतर होना चाहिए।

मैं आपको एक दृष्टान्त देता हूँ। चीनी लेखिका चुंग छांग की 'वाइल्ड स्वान' नाम की किताब है। उसकी बहुत चर्चा हुई है। यह तीन पीढ़ियों की कहानी है। उन्हें बाद में चीन से भागकर इंग्लैण्ड जाना पड़ा। उस किताब में दो महत्त्वपूर्ण चीज़ें दर्ज हैं। पहली बात यह है कि चीन की तथाकथित सांस्कृतिक क्रान्ति में लेखिका की चाची या मौसी (मैंने यह किताब अँग्रेज़ी में पढ़ी थीं, उसमें 'आण्ट' शब्द था, इससे यह स्पष्ट नहीं था कि वे मौसी थी या चाची, लेकिन चीनी भाषा में इनके बीच के भेद

को रेखांकित किया जाता है।) मांस नहीं खाती थीं। उनका बौद्ध धर्म में विश्वास था इसलिए उन्हें मांस से विरक्ति हो गयी थी। सांस्कृतिक क्रान्ति के दौरान उनको ज़बरदस्ती मांस खिलाया गया। वैसे ही कुछ और भी रहे होंगे, इसलिए आपका यह कहना सही है कि इस तरह की बातों की पहचान वहाँ कुछ लोगों को रही होगी। ऐसे लोग कम रहे होंगे, और जो रहे होंगे उनकी यह हिम्मत नहीं होती होगी कि वे अपनी बात कह सकें, वे अपनी सही पहचान पेश करने की हिम्मत नहीं जुटा पाते होंगे। ऐसी स्थितियों में इनसान अपनी सही पहचान छिपाने की कोशिश किया करते हैं। विशेषकर जब किसी समाज या राजनैतिक व्यवस्था में भय ही व्यवहार की पारिभाषिक धुरी बन जाये। भय आधारित व्यवस्था के लिए हर एक को अकेले रखना अनिवार्य है और विस्मृति इस अकेलेपन का गहनतम आयाम है। इस सन्दर्भ में मैं कहना चाहूँगा कि यह अनायास नहीं कि चीन का अपने अतीत से अटूट गहन दूरी बनाने का प्रयास वैश्विक परिवेश में भी चीन के नितान्त अकेलेपन का दौर था। इस तथ्य में निहित विराट विडम्बना पर ग़ौर करें। विश्वमुखी सर्वहारा क्रान्ति की उपलब्धि का चरम क्षण विश्व के प्रति घोर विमुखता पर आधारित था। मैं पूरे विश्वास के साथ कह सकता हूँ कि चीन को समस्त अतीत में इतने अकेलेपन और इतने अकारण भयग्रस्त अकेलेपन का कभी अनुभव नहीं हुआ।

वाइल्ड स्वॉन की दूसरी तफ़सील ऊपर चर्चित आयाम की विपरीत दिशा में इशारा करती है। बार-बार सांस्कृतिक क्रान्ति के दौरान ऐसी स्थिति बनती है कि माओ के रेड गार्ड चुंग छांग के माता-पिता को उन्हीं के घर में धमकाते हैं, पूछताछ करते हैं, तो उनकी दादी जल्दी से कुछ बटोरकर उन दीवाने निर्मम युवक-युवतियों के लिए अच्छी रसोई परोसने का प्रयास करती है। देखने में नितान्त हल्की यह तफ़सील जीवन में निहित अमिट सामान्य विराटता का बोध कराती है। जब जीवन के समस्त दृश्य आधार स्तम्भ ध्वस्त हो जाते हैं, हल्की बारीक जीवन क्रियाएँ ही संयति की आकांक्षा और बोध को जीवित रखती हैं।

आपने जो यह कहा कि कुछ ख़ास विचार-परम्पराएँ समूचे अस्तित्व को उसके किसी एक आयाम में, मसलन, राजनैतिक आयाम में या धर्मशास्त्रीय आयाम में अटाने की कोशिश करती हैं। क्या वे

परम्पराएँ ग़ैर पैगन परम्पराएँ नहीं रहीं? मैं यह इसलिए कह रहा हूँ क्योंकि सम्भवत: पैगन परम्पराओं में अस्तित्व को उसके तमाम आयामों में स्वीकृत किया जाता रहा है। पर जैसे ही किसी उपस्थिति को उसके किसी एक आयाम में संकुचित करने की कोशिश की जाती है, उस उपस्थिति की हत्या की पृष्ठभूमि तैयार हो जाती है। आपके उदाहरण से ही यह देखा जा सकता है कि जैसे ही गौरैयों को महज़ राजनैतिक तथ्य में संकुचित करने की चेष्टा हुई, उनको मारने का आधार बनकर तैयार हो गया। आपने विश्व की तमाम पैगन परम्पराओं का विशद अध्ययन किया है। मुझे याद है, एक बार मैंने निर्मल वर्मा के सामने पैगन शब्द का उच्चारण किया, उन्होंने तुरन्त मुझसे आपके सोच-विचार की चर्चा की। क्या आप यह नहीं मानते कि पैगन परम्पराओं की यह एक विशेषता रही है कि उनमें अस्तित्व को या किसी भी उपस्थिति को उसके तमाम आयामों में स्वीकार किया जाता है। वहाँ किसी भी उपस्थिति को समझने के तमाम कोणों की समान वैधता हुआ करती है और इन बहु-वैधताओं को जीवित रखे रहना कोई भी पैगन संस्कृति अपना दायित्व मानती है।

निर्मल की उपस्थिति का अभाव न जाने कितनी बार इस बातचीत के दौरान महसूस किया है। निर्मल को सुनने और उनसे कुछ कहने का आनन्द अद्भुत था। उनके साथ की गयी बात अनायास गहन बारीकी को छू लेती थी। स्टीफन हॉकिंग ने कहा था कि 'सिंगुलैरिटी' (एकवचनात्मकता) ही ब्लैक होल है। चरम एकवचनात्मकता (ऐब्सोल्यूट सिंगुलैरिटी) ही ब्लैक होल है। यह जीवन के अन्त का संकेत है। हॉकिंग का यह विचार, जिसका मैंने पुनर्कथन किया है, तत्त्वत: अस्तित्व की प्रकृति के विषय में पैगन वक्तव्य है। इस विचार की अभिव्यक्ति बहुत-सी प्राचीन परम्पराओं में हुई है। उदाहरण के लिए, यूनान की पैथागोरीय परम्परा में यह कहा जाता है कि जीवन की शुरुआत अंकों से हुई है। तात्पर्य यह है कि जीवन की उत्पत्ति एक से अधिक कारकों से हुई है। अनेक के बिना जीवन और सृष्टि की कल्पना नहीं हो सकती।

हमारी भाषा में एक और एक से अधिक के बीच भेद करने की शाब्दी-युक्ति ध्यान देने योग्य है। एक का विपरीत शब्द 'अधिक' नहीं, बल्कि

'अनेक' है। 'अनेक' का अर्थ बहुत नहीं है, उसका अर्थ है, 'एक नहीं।' हमारी भाषा की यह विशेषता भी है कि यहाँ किसी प्रत्यय को परिभाषित करने के लिए 'नेति' का उपयोग किया जाता है। इस प्रयोग की बड़ी व्याप्ति है और इसमें बड़ा परिष्कार भी है। यह अपने आप में विलक्षण बात है क्योंकि 'परिष्कृत नेति' एक अजीब बात लगती है। इससे यह बात साबित होती है कि नकार भी पुष्टि का ही एक रूप है। एकवचनात्मकता की आकांक्षा बहुत उग्रता से इतिहास में अनेक बार आयी है। मार्क्सवादी दर्शन में यह बहुत महत्त्वपूर्ण भूमिका निभाती है। मार्क्सवाद के द्वारा इस आकांक्षा का भी हमारे जीवन में गहन प्रवेश हुआ है लेकिन यह केवल मार्क्सवादी दर्शन के रास्ते ही आयी हो, ऐसा नहीं है। यह दृष्टि आधुनिक परिवेश में अनेकशः व्याप्त है। यह धारणा उसी तीव्रता से सावरकर में भी आती है। फ़र्क़ सिर्फ़ इतना है कि सावरकर जिस परम्परा को स्थापित करना चाहते थे, उसका दार्शनिक आधार बन नहीं सका। उसके कुछ छोटे-मोटे प्रयास अवश्य हुए पर उसका कोई गहन, विस्तृत दार्शनिक आधार बन नहीं सका। जबकि मार्क्सवादी दर्शन का गहरा आधार बना और आज भी हमारी शब्दावली, तर्क विधा में अनेक रूपों में व्याप्त है। हर चीज़ को, या यों कहें समस्त मानव अस्तित्व को किसी एक आयाम में ढालकर उस पर निर्णय देने की सुविधा आधुनिक वृत्ति में बहुत गहरे तक पैठी हुई है।

> लेकिन इस प्रवृत्ति की अपनी एक परम्परा है और वह सामी धार्मिक दृष्टियों में भले ही आंशिक रूप से पर मिलती अवश्य है। यह प्रवृत्ति आधुनिकता में सम्भवतः वहीं से आयी हुई जान पड़ती है। आप इस बारे में क्या सोचते हैं?

वहाँ जाने से पहले (और हमें वहाँ अवश्य ही जाना है) हम अपने चिड़ियों के उदाहरण पर दुबारा लौटते हैं। चीन में अपनी परम्परा से स्थायी गुणात्मक दूरी बनाने का प्रयास अति विराट और अति निर्मम था, लेकिन इस अटूट दूरी बनाने के प्रयास में एक ऐसी आधारभूत विराट उपस्थिति थी जो पूरी तरह से हटायी जा ही नहीं सकती थी, जिससे दूरी बनाना असम्भव था। वह उपस्थिति थी उनकी अपनी भाषा। उन्होंने जो भी दूरी बनाने के

प्रयास किये, वे अपनी पुरानी भाषा में ही किये, जिसकी लेखन विधि भी पुरानी ही थी। उन्होंने भाषा का नवीनीकरण अवश्य किया पर भाषा के अन्तस में जो नैरन्तर्य हुआ करता है, उसे ख़त्म करना आसान नहीं होता। दीर्घ पैमाने पर इस प्रयास का चीन पर क्या असर होगा, कहना बहुत मुश्किल है। उस बारे में कोई भी निश्चित राय नहीं बनायी जा सकती। पर इतना ज़रूर कहा जा सकता है कि चीनी भाषा में उसके अपने समग्र अतीत से गहरा नैरन्तर्य अब भी कायम है, और साथ ही लेखन पद्धति की निरन्तरता उनके जीवन में विशिष्ट आयाम जोड़ती है।

> लेखन विधि और भाषा की निरन्तरता के बीच चीन के सन्दर्भ में क्या सम्बन्ध और क्या फ़र्क़ है और भाषा की इस निरन्तरता में जो नवीनीकरण के सशक्त प्रयास होते हैं, वे किस प्रकार के यथार्थ हैं?

दुनिया में ऐसी कोई भी सांस्कृतिक या राजनैतिक निरन्तरता नहीं है जो चीन के समकक्ष हो। आज हम जिसे यूरोप की निरन्तरता कहते हैं, वह कुछ पुरानी और सक्षम भले हो, पर उसमें गहन दरारें हैं, उसमें अनेक टूट-फूट हैं। हमारे इतिहासकारों की कल्पना में यूरोप प्रायः फ्रांसीसी क्रान्ति से आरम्भ होता है। उसके पहले के यूरोप के यथार्थ के बारे में हमारे यहाँ बहुत चिन्ता या चिन्तन नहीं मिलते। हमारे देश में इतिहास लिखने और पढ़ने की परम्परा कम से कम सौ बरस पुरानी तो हो गयी है, बल्कि सौ बरस से कुछ ज़्यादा ही है, लेकिन अभी भी हमारे इतिहास विमर्श में भारतीय इतिहास से आगे का इतिहास प्रायः नदारद है। 'आंचलिक अध्ययन' के कुछ विभाग अवश्य कार्यरत हैं पर उनका कार्यक्षेत्र भी बीसवीं शती के पीछे नहीं जाता। सच तो यह है कि उनमें भी बीसवीं शताब्दी के उत्तरार्ध पर ही अधिक कार्य हुआ है।

अगर यूरोप को गम्भीरता से समझना-जानना है, तो यूनान और रोम के बारे में सोचने से बचना असम्भव है। यूरोप की इकाई लगभग ढाई हज़ार साल पुरानी ठहरती है, और इसका यूनान और रोम से एक गहरा अन्तराल है। और यह अन्तराल ईसाई धर्म के वर्चस्व के साथ अस्तित्व में आया। ईसाई धर्म के वर्चस्व का यह सात सौ-आठ सौ बरस का इतिहास रोम और यूनान की परम्परा से एक स्थायी दूरी बनाने का इतिहास है। यूरोप में

भी एक गहरी विस्मृति का प्रयास किया गया था। यह प्रयास पूर्णतः सफल नहीं हुआ। इसके विफल होने का राज़ महत्त्वपूर्ण है और उसके परिणाम भी महत्त्वपूर्ण हैं। अगर यह प्रयास पूरी तरह सफल हो गया होता तो यूरोप की आज की महिमा, उसकी शक्ति, उसके बाद आधुनिक दुनिया की सृष्टि सम्भव नहीं होती। अगर विस्मृति को स्थापित करने का वह प्रयास सफल हो गया होता तो आधुनिक यूरोप जैसी कोई चीज़ नहीं बन पाती। इसके स्थान पर क्या हुआ होता इसका अन्दाज़ा आप मध्यकाल के यूरोप को देखकर लगा सकते हैं। उस स्थिति में रेनेसाँ-पूर्व मध्यकालीन यूरोप की निरन्तरता में ही आज का यूरोप रहा होता। उसमें कोई बहुत बड़ा अन्तर शायद न आया होता। उस स्थिति में 'क्रूसेड्स' की कहानी भी उस तरह ख़त्म नहीं हुई होती, जैसी वह हुई।

यह सच है कि विस्मृति लाने का वह प्रयास पूरी तरह सफल नहीं हुआ, पर फिर भी वह काफ़ी हद तक सफल हुआ। इसलिए यूरोप और उसके अतीत के बीच आये अन्तराल में निहित तत्त्व कुछ हद तक आज भी उपस्थित हैं, सक्रिय हैं। वहाँ परम्परा की निरन्तरता में टूटन आयी है, दीर्घ-गहन टूटन आयी है। दरअसल, यूरोप उस परम्परा को दुबारा पाने के प्रयास में बना है। इस अर्थ में यूरोप की इकाई चीन से भिन्न है। चीन की इकाई में इस तरह की टूटनें नहीं हैं। राजनैतिक दृष्टि से भी चीन की निरन्तरता कहीं अधिक गहरी और घनीभूत है। चीन की राजनैतिक और भाषिक निरन्तरता कहीं अधिक गहरे स्तर की है। उसका एक छोटा-सा उदाहरण देता हूँ। चीन की सांस्कृतिक क्रान्ति के विषय में पढ़ते हुए चीन में एक ऐसे स्कूल का ज़िक्र आया जो उसी जगह पर आज है जहाँ वह किसी न किसी रूप में पिछले दो हज़ार वर्षों से था। इस निरन्तरता के महत्त्व को आँकना जटिल है।

हमारे लिए बनारस में भी ऐसी कोई पाठशाला ढूँढ़ निकालना, जो भले ही आज जीर्ण-शीर्ण रूप में क्यों न हो, मुश्किल होगा। वह स्थान ढूँढ़ निकालना भी असम्भव जान पड़ता है कि जिस पर बैठकर शंकराचार्य पढ़ते या पढ़ाते थे। सभ्यताओं की पारिभाषिकता उनमें उपस्थित स्थान और चिन्तन के अन्तर्सम्बन्धों में निहित हुआ करती है। सभ्यताओं में चिन्तन, दर्शन और स्थान के बीच गहन सूक्ष्म सम्बन्ध बना रहता है। बनारस इस अन्तर्सम्बन्ध का विशिष्ट प्रतीक है। कुछ और भी ऐसे स्थान हैं जो अब

अवशेष मात्र हैं, जैसे तक्षशिला और नालन्दा। अगर मध्यकालीन भारत को लें तो कुछ मदरसे भी इसी कोटि में रखे जा सकते हैं, कुछ मस्जिदें हैं। लेकिन इन सभी में इस सम्बन्ध की निरन्तरता की अवधि बहुत नहीं है। हमारे यहाँ कुछ विशिष्ट स्थानों की एक पहचान अवश्य है पर उसके भीतर के अवयवों का रेखांकन उतना स्पष्ट नहीं है जितना, उदाहरण के लिए, चीन में मिलता है। अगर यह रेखांकन कहीं है भी तो वह संकेत मात्र भर है। कुरुक्षेत्र में सन्याहेत नाम के स्थान की स्मृति मिलती है, जहाँ कहा जाता है कि महाभारत की सेनाएँ प्रतिदिन युद्धोपरान्त मिल बैठती थीं। लेकिन वह प्रतीक रूप में ही बचा है। जैसे वृन्दावन की भी प्रतीक रूप में ही निरन्तर उपस्थिति है। लेकिन यह सभ्यता की निरन्तर दिनचर्या और दैनिक क्रिया के स्तर पर नहीं है और सभ्यता की पारिभाषिकता इसी दिनचर्या और दैनिक क्रिया से बना करती है। सांकेतिकता से जुड़े कर्मकाण्ड की भी निरन्तरता होती है और उसका भी सभ्यता में महत्त्व हुआ करता है। यह कहा जा सकता है जो कर्मकाण्ड आज हो रहा है वही दो हज़ार बरस पहले भी हुआ करता था। लेकिन यह निरन्तरता सांकेतिक स्तर पर ही प्रवहमान है। इसमें ऐतिहासिक निरन्तरता उभरकर नहीं आ पाती। सम्भवतः इसी कारण दिनचर्या और दैनिक क्रिया के स्तर पर इस निरन्तरता की कोई स्पष्ट छाप नहीं बच पायी है।

चीन की स्थिति भिन्न है। वहाँ ढाई हज़ार साल पुरानी चीनी लिखाई को आज भी विश्वविद्यालय का पढ़ा छात्र पहचान सकता है। इसके लिए उसे प्राचीन भाषाओं का विद्वान होने की आवश्यकता नहीं है। यह न यूरोप में सम्भव है और न भारत में। इसमें चीन की लेखन पद्धति का बड़ा भारी योगदान है। अगर आप अँग्रेज़ी भाषा को देखें तो उसमें जिसे हम 'स्पेलिंग' कहते हैं, वह बदलते रहे हैं। आज हम अँग्रेज़ी के शब्दों की जिस 'स्पेलिंग' को जानते हैं, वे उन्नीसवीं शताब्दी के हैं। उससे पहले वे बिल्कुल अलग थे। चीनी भाषा के लेखन में 'स्पेलिंग' जैसा कुछ है ही नहीं। उस लेखन में विचार 'इंगित' हुआ करता है, धारणा इंगित हुआ करती है। लेखन धारणा का वाहक है, ध्वनि का वाहक नहीं है। इस लेखन विधि में अनायास सभ्यता की एक गहरी निरन्तरता निहित रूप से प्रवहमान हो जाती है। यह चीन की एक ख़ास बात है कि वे अपनी भाषा से नहीं हटे। उसी भाषा के माध्यम से उन्होंने सब कुछ करने का प्रयास

किया। विस्मृति का प्रयास भी उन्होंने उसी के माध्यम से किया। दरअसल, भाषाविहीन विस्मृति अकल्पनीय है। और यदि भाषा है तो एक तरह की सहज निरन्तरता तो है ही।

इस विमर्श के सन्दर्भ में हम यह न भूलें कि भाषा के साथ समग्र धरातल पर जीवन्त सम्बन्ध का बहुत महत्त्व है। सभ्यता की निरन्तरता आँकने के लिए आज बोली जा रही भाषा और दो हज़ार साल पहले की भाषा के बीच का फासला बहुत अर्थपूर्ण हुआ करता है। यूरोप में आज बोली जा रही भाषाओं का इतिहास पाँच-सात सौ बरस से ज़्यादा का नहीं है। उससे पहले के यूरोप को पहचानने का माध्यम लेटिन और ग्रीक जैसी क्लासिकल भाषाएँ ही हो सकती हैं। चीन में भी जिसे 'क्लासिकल' चीनी भाषा कहा जाता है, उसमें आम बोलचाल की भाषा दर्ज नहीं हुआ करती थी। सामान्य बोलचाल की भाषा में लेखन पिछले सौ बरसों में ही शुरू हुआ है। लेकिन चूँकि चीनी लेखन ध्वनि पर नहीं, विचार पर आधारित है, इसलिए क्लासिकल चीनी और बोलचाल की चीनी के बीच की निरन्तरता कहीं अधिक गहरे स्तर की है। यूरोप में किन्हीं सेमिनरी आदि के विषय में यह भले ही कहा जा सकता हो पर किसी स्कूल के विषय में चीन की तरह यह कहना प्राय: असम्भव होगा कि उसी स्थान पर दो हज़ार साल पहले भी स्कूल चला करता था।

यूरोप के कल्पना जगत्, अनुभव और विमर्श में दो-तीन परम्पराओं का सम्मिश्रण है। इसमें पहली यहूदी परम्परा है, दूसरी यूनानी और रोमन। इसमें एक 'सामी' परम्परा है और दूसरी 'पैगन'। 'पैगन' शब्द पैगन परम्परा में बना शब्द नहीं है। यह तो यहूदी परिवेश से उपजी ईसाई परम्परा का दिया शब्द है। ईसाई दृष्टि अनुसार मानव जाति को दो भागों में बाँटा जा सकता है, ईसा मसीह के वफ़ादार और बाक़ी सब। पैगन परम्पराओं का यह सीमांकन बड़ा ही अर्थपूर्ण है। इस सीमांकन ने अनजाने ही बड़ी व्यापक एकता को चिन्हित करने का कार्य किया, जिससे नयी ईसाई परम्परा अपने को अलगाने को प्रतिबद्ध मानती थी। इस विराट पैगन निरन्तरता की अनेक शाखाएँ हैं लेकिन उन सबकी विविधता के बीच कुछ मूलभूत दार्शनिक धरातल की सामान्यता है। यह विराट एकता चरम प्रश्नों के रूपंकरण, समझ और अभिव्यक्ति की सामान्यता में परिलक्षित होती है। अनेक अन्तर्भेद के रहते भी कुछ विशिष्ट आधारभूत प्रश्नों के सन्दर्भ

में एक सूत्रात्मकता दिखायी देती है। इसलिए यह कहना शायद ठीक होगा कि इस विराट एकता के सन्दर्भ में पैगन शब्द ईसाई दृष्टि का एक सार्थक उपहार है। इसी कारण पैगन परम्पराओं में एक आत्मसजगता आयी जो ज़ाहिर है इस नामांकन के पहले तक नहीं रही होगी। हम यह पहचानें कि आत्म-सजगता होती क्या है? वह कोई ऐसी चेतना नहीं जो सहज ही उपस्थित होती हो। वह ऐसी चेतना है जो स्वयं के विषय में किसी अन्य के सन्दर्भ और संवाद के बीच जाग्रत होती है।

हम एक बार फिर यूरोप की निर्मिति पर लौटें। इसमें जो जूडायिक तत्त्व है उसके दो भाग हैं, जिनमें परम्परा कटु द्वन्द्व रहा है। ये दो भाग हैं–यहूदी और ईसाई दृष्टियाँ। इनमें रहे द्वन्द्व के परिणाम बीसवीं शताब्दी तक चले आये। दूसरा तत्त्व है पैगन परम्परा। पैगन परम्परा के भी दो आयाम हैं; एक 'क्लासिकल आयाम' जिसका प्रतिनिधित्व प्राचीन यूनान-रोम की भाषा, स्थापत्य, दर्शन, संस्थाओं आदि में परिलक्षित होता है। रोमन साम्राज्य के कई संस्थान कैथोलिक चर्च में पुर्रचित हुए। यह भी सच है कि सेक्यूलर कल्पना दृष्टि रोम पर केन्द्रित रही। कैथोलिक चर्चा में दो विपरीत प्रवाह समानान्तर चले हैं। चिन्तन विधा, उपासना पद्धति और सांस्कृतिक बोध-कर्म में प्राचीन पैगन रोम से अटूट दूरी स्थापित करना और साथ ही पैगन रोम की सांगठनिक रूपरेखा को चर्च के संगठन में पुनर्रचित करना। चर्च स्थापत्य के इतिहास में रोम का 'बेसिलिक' हॉल है। रोमन साम्राज्य में बेसिलिका प्रजा की सामूहिक उपस्थिति के लिए हुआ करता था। वहाँ प्रजा अपने राजा को सुनती थी। ईसाई परम्परा में वह धार्मिक स्थल के रूप में पहचाना जाने लगा। और ईसा मसीह के लिए 'बेसिलस' यानी राजा शब्द का उपयोग होने लगा। रोमन सभासदों की ईसा मसीह के प्रति कड़ी नाराज़गी का कारण उन्हें राजा सम्बोधित किया जाना था।

मैं थोड़ा भटक रहा हूँ। मुक्त संवाद के लिए ये शायद बुरा भी नहीं। दुनियाभर की आराधना परम्पराओं में एक विशेष सामान्यता है। यह अद्वितीय सामान्यता गहन दार्शनिक दृष्टि पर आधारित है। पूजा स्थलों का स्थापत्य इस तरह हुआ करता है कि किसी दिव्य स्थल-परिवेश में व्यक्ति और अज्ञात के बीच संवाद हो सके। इसे हमारे यहाँ गर्भगृह कहा जाता है। गर्भगृह एक ऐसा स्थल है जहाँ से आप चरम अज्ञात अनन्त से प्रतिकृत होते हैं। यह वह स्थल है जहाँ व्यक्ति और अज्ञात, आकाश, अनन्त

आमने-सामने होते हैं। चाहे यह आदिवासी पूजा स्थल हो, जो पेड़ के नीचे भी हो सकता है, या कोई अत्यन्त सुसज्जित मन्दिर, फिर वे मॅमफिस, प्राचीन मिस्र के महान् मन्दिर हों या रोमन देव-देवताओं के देवालय, आप कहीं की प्राचीन परम्परा को देखें चाहे वह रोम-यूनान हो, या चीन, जापान या अमरीका, साइबेरिया, हर एक आराधना स्थल में व्यक्ति अलौकिक से संवादरत, प्रतिकृत आदि, एक व्यक्ति के रूप में हुआ करता है, समूह-संगत के रूप में नहीं। लेकिन उपासना स्थल को समूह वन्दना, संगत-सभा के लिए बनाना विशेष रूप से ईसाई योगदान है। मैं जेरूसलम के मन्दिर के मूल स्थापत्य को नहीं जानता। इस सन्दर्भ में मेरा मूल प्रस्थान-प्रश्न है कि क्या भक्त संगत-सभा की शुरुआत जेरूसलम के सोलोमन मन्दिर से हुई है? मेरी मान्यता यह है कि उस मन्दिर में भी व्यक्ति और अनन्त के बीच का ही संवाद हुआ करता था, भक्त-सभा का नहीं। ईसाई चर्च ऐसा पहला स्थापत्य है जिसमें भक्तगण मिलकर उपासना करते हैं। वहाँ अकेले व्यक्ति का स्थान नहीं है। इस परम्परा का चरम उत्कर्ष मस्जिद के स्थापत्य में होता है। क्योंकि वहाँ खुले आकाश के नीचे उपासना-स्थल को दीवारों से बाँधकर एक ऐसी जगह तैयार की जाती है जिसमें अनेक भक्तगण समूह-संगत रूप में एकत्र हो सकें। यह स्थल एक साथ खुला भी है और बन्द भी। मस्जिद की इमारत की कल्पना में विस्तार प्रायः निहित है। इसीलिए मस्जिद की सीढ़ियों पर भी नमाज़ पढ़ी जा सकती है। यह आप चर्चा में नहीं कर सकते।

हम यूरोप की निर्मिति पर फिर लौटें। उसका क्लासिकल आयाम यूनानी व रोमन पैगन परम्पराओं से आता है, और दूसरा स्त्रोत पैगन लोक परम्परा से आता है। क्लासिकल परम्परा में भी दो तत्त्व हैं। एक वह जो रोमन साम्राज्य की उपज है, दूसरा यूनान की। यूनान और रोम की संस्कृतियों में कुछ बुनियादी फ़र्क़ हैं। यूनानी संस्कृति की विराट एकता में संस्कृति के केन्द्र बिखरे हुए थे, संस्कृति, भाषा, दर्शन आदि के केन्द्र किसी एक जगह नहीं, अनेक जगहों पर बिखरे हुए थे। वहाँ कोई एकमात्र सर्वोच्च केन्द्र नहीं था। यह अवश्य है कि बाद में वहाँ दो केन्द्र प्रतीकात्मक रूप से उभरे : एथेन्स और स्पॉर्टा। लेकिन मूलतः यूनान का संसार गणराज्यों का संसार है। वह कुछ-कुछ भारत जैसी स्थिति को इंगित करता है। बल्कि यह कहना अधिक सही होगा कि यूनान भारत से अपेक्षाकृत अधिक

तुलनीय है। इसके गहन परिणाम हुआ करते हैं। उदाहरण के लिए, जब मोनियर विलियम्स अपना संस्कृत-अँग्रेज़ी शब्दकोश तैयार कर रहे थे, संस्कृत भाषा के कुछ सूक्ष्म तत्त्वों के स्पष्टीकरण के लिए उन्हें सुदूर गाँवों की यात्रा करनी पड़ी थी। यह सच है कि इन सुदूर गाँवों में जिन व्यक्तियों से उन्होंने परामर्श किया, वे ब्राह्मण थे। पर यह तथ्य है कि जिसे शास्त्रीय परम्परा कहा जाता है, उसके उच्चतम बिन्दुओं, गहन तत्त्वों को समझने उन्हें सुदूर ऐकान्तिक गाँवों की यात्राएँ करनी पड़ी थी। यह स्थिति क्लासिकल परम्परा की सामान्य अवधारणा से मेल नहीं खाती। हमारी अपनी शब्दावली के अनुसार हम कह सकते हैं कि मार्ग प्रधान परम्परा के प्रशस्ति के केन्द्र बेहद विस्तृत रहे हैं। यह यूनान और भारत दोनों के लिए सही है।

मेरी मान्यता है कि रोम ने इस स्थिति को बदल दिया। यूनान के सँजोये विराट घने बिखराव में रोम ने एक गुणात्मक अन्तर फूँका, रोमन संस्कृति शक्ति, नियम-क़ायदे आदि को केन्द्र बनाकर उभरी। यूनान में मनुष्यकृत नियम-क़ायदे उतने महत्त्व के नहीं थे। उन नियम-क़ायदों का महत्त्व था जो दर्शन में थे, जो शिक्षण में थे। दैनिक क्रिया और दिनचर्या के नियोजन नियन्त्रण का केन्द्रीय प्रयास उनमें नहीं रहा। नियम-क़ायदों को किसी सर्वोच्च केन्द्रीय संस्था के सहारे लागू नहीं किया जाता था। उन्हें उस समाज के सदस्य स्वयं अपने पर लागू किया करते थे। रोम ने इस प्रकार की व्यवस्था के मूल धरातल को पलट दिया। वहाँ नियम-क़ायदों का सर्वोच्च स्थान बन गया। रोम में भी दो पैगन लोक-परम्पराएँ थीं। एक वह जिसका प्रतिनिधित्व सीधा-सीधा रोम साम्राज्य किया करता था और दूसरी वह जो रोम के चारों तरफ़ अवस्थित थी और जो रोमन साम्राज्य के ध्वस्त होने के बाद भी जीवित रही। रोमन साम्राज्य के भीतर ईसाई सभ्यता की ओर मुड़ने की महान् शुरुआत नगरों में ही हुई थी। गाँवों में वह काफ़ी समय बाद पहुँची। रोमन साम्राज्य की विस्तृत परिधि के अंचलों में तो ईसाई धर्म का समावेश अनेक सदियों बाद ही सम्भव हो पाया। उदाहरण के लिए, आज जिसे हम पूर्वी यूरोप कहते हैं, वहाँ यह ईसाई सभ्यता क़रीब एक हज़ार वर्ष पूर्व ही पहुँची थी, बाल्टिक देशों में, जैसे फिनलैण्ड में, तो यह छह-सात सौ वर्ष पहले ही पहुँची। फिनलैण्ड में पैगन लोक-परम्पराएँ क़रीब उन्नीसवीं शताब्दी तक बनी रहीं। फिनलैण्ड का लोक-महाकाव्य *काल*

वेला उन्नीसवीं शताब्दी के मध्य तक केवल वाचक रूप में ही सुरक्षित रहा। इस लोक-परम्परा का भी यूरोप की निर्मिति में योगदान रहा है।

> हम एक बार फिर उस विराट पैगन एकता पर लौटें। आप बता रहे थे कि इसमें ऐसे कौन से तत्त्व हैं जो इन सभी परम्पराओं में मिलते हैं।

हमने उपासना के स्थलों की बात की। पैगन उपासना स्थल में मनुष्य अकेला ही उपस्थित होता है, समूह-संगत रूप में नहीं। हम जिसे अपने मन्दिरों का गर्भगृह कहते हैं उसमें व्यक्ति और अनन्त के बीच कुछ बोध-संवाद होता है। मानव इतिहास में पहली बार चर्च स्थापत्य के माध्यम से एक ऐसा स्थल अस्तित्व में आया जहाँ एक और अनन्त बीच संवाद के स्थान पर अनेक और अनन्त का संवाद होना शुरू हुआ। पैगन परम्पराओं का एक और महत्त्वपूर्ण तत्त्व सामी परम्पराओं से भिन्न है : स्वयं एवं अन्य के बीच सम्बन्ध संवाद का दार्शनिक धरातल। इस बिन्दु पर कुछ स्पष्टीकरण ज़रूरी है। मनुष्य के स्वबोध में सदैव एक गहन आत्म-केन्द्रीयता निहित रहती है। हर छोटे-बड़े समूह का यह अडिग विश्वास रहा है कि उनकी भाषा, जीवन शैली, वेशभूषा, पूजा-अर्चना सर्वश्रेष्ठ है।

लैवी स्ट्रास का कथन जो इस सार्विक विश्वास को सहज सूक्ष्मता से इंगित करता है, स्मरणीय है। उनकी यह स्मृति सन् तीस के दशक की है। वे ब्राजील के अमेज़ोन नदी के गिर्द घने बीहड़ में निम्बकबाड़ा जनजाति का अध्ययन कर रहे थे। अचानक कुछ सप्ताह की यात्रा के बाद उन्हें फ्रांस वापस लौटने के बुलावे का तार मिला। अगली सुबह जब उन्होंने गाँव वालों को यह ख़बर दी कि वे कुछ समय के लिए फ्रांस लौट रहे हैं, उन्होंने सहज आत्मीयता से अपनी सहानुभूति प्रकट की। उन्होंने अतिथि की मजबूरी को समझ उसकी सुरक्षित सफल यात्रा की कामना के साथ यह दुःख भी प्रकट किया कि वह निम्बकबाड़ा संस्कृति-समाज के दिव्य सुख-आनन्द से कुछ समय के लिए वंचित हो जायेगा। पैगन विमर्श-बोध जगत् में अन्य कुछ जाने-अनजाने अजनबी समूहों के प्रति वैमनस्य, हिकारत और अधिकांशतः उदासीनता पर्याप्त थी। आपस में बैर भी था और संग्राम भी हुआ करता था। लेकिन उस ध्वंस, कलह, संग्राम का कहीं भी, कभी भी दार्शनिक या धार्मिक आधार नहीं रहा।

पैगन कल्पना जगत् में 'अन्य' 'स्व' का विपरीत या नकार नहीं है। पारिभाषिक मान्यता यह रही है कि अजनबी-अनजान, पूर्णत: अज्ञात में भी कुछ सामान्य, अपने जैसा ही अज्ञात तत्त्व उपस्थित है। यह तत्त्व सामान्य ही नहीं बल्कि वही है जो सभी में है लेकिन उसका प्रकटन भिन्न तरह से हो रहा है। यह धारणा सभी पैगन परम्पराओं में व्याप्त है और इन सभी परम्पराओं में इसका कोई अपवाद नहीं है। जो भेद हैं और जो भेद नियोजित होते हैं, दिनचर्या और दैनिक क्रियाओं में, इतिहास की पृष्ठभूमि में, उनके सांकेतिक निरूपण का अनन्त के प्रश्न से पारिभाषिक सम्बन्ध हुआ करता है। प्रश्न यह उठता है कि चरम सत्ता या अज्ञात तत्त्व किस तरह निरूपित होता है और कैसे बोध या समझ के दायरे में आता है। समाजों के अन्तर उनके भौतिक उपलब्धियों के आधार पर निश्चय ही हुआ करते थे। यह भी सम्भव था कि ये समाज अपनी किन्हीं भौतिक उपलब्धि पर गौरवान्वित भी हुआ करते हों। लेकिन जब यह प्रश्न उपस्थित होता है कि आप कौन हैं? या आपके अस्तित्व-आस्था का चरम स्थल क्या है? क्या उस चरम स्थल में कोई भेद सम्भव है? तब समाज, व्यक्ति, समस्त मानव जीवन की दिनचर्या के हर तथ्य का अस्तित्व के चरम तत्त्व से सम्बन्ध निर्णायक हो जाता है।

भिन्न पैगन समाजों, सभ्यताओं के बीच गहन अन्तर, तीख़े कटु ध्वंस संग्राम भी थे लेकिन वह सब सांस्कृतिक-सामाजिक-राजनैतिक रूपाकारों, हितों की उपज थे। उनको दार्शनिक या धार्मिक आधार दे पाना असम्भव था। इसलिए जिस तरह के अनुष्ठान, कर्मकाण्ड और अन्य प्रतीकात्मक क्रियाएँ इन समाजों में हुआ करती थीं, वे आपस में भिन्न थीं। इस भिन्नता की पैगन समाज में व्यापक स्वीकृति थी।

आधुनिक सभ्यता की यह विशेषता है कि यहाँ हम अपने को श्रेष्ठ जाँचने का आधार उन वस्तुओं में देखते हैं जिनका हम उपयोग कर रहे हैं, उस भाव प्रेरणा में नहीं जिनका हम स्वप्न देखते हैं। स्वप्न के आधार पर अपने को विलगाने की प्रवृत्ति को आधुनिक सेक्युलर चिन्तन में छद्म चेतना का नाम दिया जाता है। आधुनिक विमर्श मर्यादा के अनुसार चिन्तन-कल्पना की अर्थवत्ता उनकी वस्तु उपभोग के परिवर्तन की सम्भावना पर निर्भर है। आधुनिक जगत का दावा है कि उसका स्वबोध और आकांक्षा वास्तविकता की ज़मीन पर बने हैं। पैगन जगत का बुनियादी तत्त्व, बद्धमूल विचार यह

है कि उपस्थित भेदोपभेद, लौकिक जीवन-जगत की विडम्बना और गहन कशिश इसी में है कि जो अभेदनीय है उसी के आधार पर ऐतिहासिक भेद, सामाजिक भेद या व्यावहारिक भेद खड़े होते हैं। दूसरे शब्दों में, अपने और पराये के बीच के भेदों के जो प्रतीक हैं, उनकी निर्मिति अभेद की उपज है। पैगन परम्परा में इन भेदों को जीने का एक सामान्य दार्शनिक आधार रहा है। इसलिए इन रूपाकारों के बीच सैद्धान्तिक और व्यावहारिक अन्तर्सम्बन्ध स्थापित होने की सम्भावना हमेशा जीवन्त बनी रही। अगर ये अन्तर्सम्बन्ध व्यावहारिक धरातल पर सम्भव भी न हो सके हों तब भी उसकी सैद्धान्तिक सम्भावना हमेशा उपस्थित रही। जैसे प्राचीन मिस्र की देवी ईसिस को यूनान की देवी आर्तेमिस के समतुल्य देखा गया। बल्कि उन्हें आर्तेमिस का ही एक रूप माना गया। सारी पैगन परम्पराओं में एक सत्य की बहुरूपता का गहरा भाव है। पैगन समाजों में इस दार्शनिक अभिमत की गहन पारिभाषिक स्वीकृति रही है। वे यह मानते रहे हैं कि एक ही तत्त्व को अलग-अलग रूपों में जीवन के अलग-अलग आयामों में, स्वरूपों में, गढ़ा जा रहा है। भिन्न दिखने वाली चीज़ें तत्वतः भिन्न नहीं हैं। यह हो सकता है कि किसी पैगन समाज को यह लगा हो कि उन्होंने जो रूप गढ़ा है, वह सत्य के अधिक निकट है। लेकिन तब भी वह ये नहीं मानते थे कि जो दूसरे रूपाकार हैं, वे सत्य के विपरीत हैं। वे यह मानते रहे कि हमारे गढ़े रूप की महिमा अधिक है लेकिन यह दावा किसी का नहीं रहा कि अन्य रूप सत्य के विपरीत हैं, वे निषिद्ध हैं।

वे अन्यों से अपना नैरन्तर्य मानते रहे...

हाँ, वह यह मानते रहे कि अन्यों से हमारा नैरन्तर्य है। वहाँ सत्य और झूठ जैसी दार्शनिक कोटियों के स्थान पर सत्य और अ-सत्य जैसी कोटियाँ थीं, और इनमें मूलभूत फ़र्क़ है। झूठ का विचार ईश्वर और शैतान के द्वन्द्व से उत्पन्न होता है। ग़ैर-पैगन परम्पराओं में यह माना जाता है कि ईश्वर और शैतान की समानान्तर सत्ताएँ हैं। इसलिए झूठ की सत्ता सत्य की सत्ता को निरन्तर चुनौती देती रहती है और इस द्वन्द्व में हर एक को यह तय करना होता है कि वह किस ओर है। हमारी भाषाओं में झूठ के लिए कोई पारिभाषिक शब्द नहीं है। हमारे यहाँ या तो सत्य है या असत्य। एक है या अनेक। पैगन चेतना में यह विचार है ही नहीं कि कुछ भी किसी भी अन्य

दूसरे से पूरी तरह भिन्न या पूरी तरह अलग है। इसलिए इस परम्परा में यह भाव निहित है कि सभी कुछ एक ही सत्य के विभिन्न रूप हैं। चूँकि ये एक ही सत्य के रूप हैं इसलिए इनमें आपस में लेन-देन हमेशा ही सम्भव है। यह कभी होता है, कभी अवरुद्ध या विकृत हो जाता है, कभी सुन्दर ढंग से होता है, कभी नहीं भी हो पाता। ऐसी कोई दो इकाई नहीं हैं जिनके बीच यह विनिमय न हो सकता हो। इसमें यह महत्त्व का नहीं है कि सत्ता का पलड़ा किस ओर है। जो कम शक्ति सम्पन्न है, उसकी ओर से भी यह विनिमय सम्भव है। जिन इकाइयों का दुनियावी प्रश्नों में घोर द्वन्द्व है, उनके बीच भी लेन-देन रहा है। इस विचार के परिणाम बहुत दूर और बहुत गहरे तक जाते हैं और उन परिणामों के आयाम संश्लिष्ट हैं।

उदाहरण के लिए, पुराने फ़ारस और यूनान के बीच प्रभुत्व स्थापित करने के लिए बहुत लम्बा संघर्ष चला, लेकिन फ़ारस के शहंशाह यूनानी देवी-देवताओं के प्रशंसक और अनुयायी भी थे। वे अपोलो की प्रशस्ति करने वालों में भी थे और साथ ही वे यूनान से संघर्षरत भी थे। यह कोई अजूबी बात नहीं थी, ऐसा सारे पैगन विश्व में हुआ करता था। भारत में इसे काफ़ी विस्तार से देखा जा सकता है।

आदिवासी या जनजाति और जिसे तथाकथित रूप से ब्राह्मणीय परम्परा कहा जाता है, उनके बीच भी ऐसा संवाद निरन्तर हुआ और ऐसा नहीं कि यह केवल एक दिशा में हुआ हो। हमारे इतिहास लेखन में तथाकथित हिन्दू या बौद्ध आदि के बीच की जो सीमा रेखाएँ मानी जाने लगी हैं, वे सामी परम्परा की दृष्टि से खींची हुई रेखाएँ हैं। यहाँ की अपनी सीमा रेखाओं में कहीं अधिक तरलता रही है। वही उनकी विशेषता है। चीन, जापान और दक्षिण-पूर्व एशिया के बौद्ध धर्म में सामी सीमांकन आज भी देखने को नहीं मिलता। वैसी विभाजक रेखाएँ वहाँ आज भी नहीं हैं। तमाम तथाकथित ब्राह्मणीय देवी-देवता वहाँ हैं जिनकी उपासना इन बौद्ध देशों में होती रही है। ऐसे कई देवी-देवता वहाँ आज भी जीवन्त रूप में हैं जिनकी उपासना यहाँ बन्द हो चुकी है। उदाहरण के लिए, अगर इन्द्र का मन्दिर कहीं है तो वह थाईलैण्ड में है, भारत में नहीं। इसके पीछे के दार्शनिक आधार को आलोकित और रेखांकित करने की आवश्यकता है। मैं यह नहीं कह रहा हूँ कि यह भारत की कोई अद्‌भुत चीज़ है। भारत की अद्‌भुत चीज़ यह है कि यह परम्परा यहाँ आधुनिक सन्दर्भ में भी बची हुई

है और तमाम तरह की गहन चुनौतियों के साये में बची हुई है। लेकिन यह दृष्टि समूचे मानव समाज में रही है चाहे वह साइबेरिया हो या प्राचीन मिस्र। मेरा आग्रह है कि इस सम्भावना की महत्ता समझने के लिए उसके दार्शनिक आधार को जानना अत्यन्त आवश्यक है। आज यह सामान्य मान्यता बन गयी है कि पुरानी पैगन परम्पराएँ संकीर्ण थीं।

आज यह मान्यता बन गयी है कि प्राचीन पैगन परम्पराएँ मूलतः अन्धी आस्थाओं में लिप्त थीं। उन्हें इस मायने में संकीर्ण कहा जाता है कि उनके बोध का वास्तविक धरातल संकीर्ण और संकुचित था। उन परम्पराओं में कोई यह कहता था कि हम तो वृष्टि के देवता के उपासक हैं, कोई कहता था कि वे किसी अन्य देवता के उपासक हैं। इस तरह वे अस्तित्व के किन्हीं विशेष तत्त्वों को ही सम्पूर्णता माने हुए बैठे थे। इसे उनकी छद्मचेतना कहा जाता है। इसीलिए यह भी माना जा सकता है कि उनकी आकांक्षा भी अत्यन्त सीमित थी। यह भी माना जाता है कि पैगन परम्पराओं में पुरानी चीज़ों को सँजोये रखने की सामर्थ्य थी। परन्तु उनमें कुछ नया कर पाने की न तो सामर्थ्य थी, न ही ऐसा कर पाने की आकांक्षा। इस तरह जड़ स्थिर निरन्तरता को उनका स्वाभाविक गुण माना गया है। सदियों से चली आ रही चीज़ों को मात्र दोहराते रहना उनका अतीत भी है, और उनका भविष्य भी। आधुनिक दृष्टि के अनुसार उनमें यह देखने की कोशिश भी नहीं थी कि उनके इस दोहराव में कोई सत्य है भी या नहीं। इसीलिए इन परम्पराओं में अनन्त के जो निरूपण थे, वे इतने निम्न और विद्रूप थे। वे ऐसी कथाओं से जुड़े हुए थे जो उनकी दोषपूर्ण कल्पना के रहस्य को उद्‌घाटित करती थीं। इन चीज़ों में कौटुम्बिक यौन, झूठ, फ़रेब आदि को गिनाया जाता है। यह भी कहा जाता है कि उन परम्पराओं की अपने दायरे से बाहर न कोई रुचि थी और न दायित्वबोध। ऐसी दुनिया में किसी नयी खोज या सृष्टि के होने की सम्भावना मानी ही नहीं जा सकती। लेकिन यह सच नहीं है। ये मान्यताएँ निराधार हैं।

पैगन समाजों में नयी-नयी उपासना पद्धतियाँ, दर्शन, विभिन्न प्रकार के कौशल-कलाएँ उत्पन्न होते रहे हैं। ऐसी उपासना पद्धतियों को भी लोग अपनाते रहे जिनसे वे पूरी तरह अनभिज्ञ थे। उन समाजों में लेन-देन दोनों दिशाओं से होता रहा है। मिस्र पर पाँच-सात सौ बरसों तक रोम साम्राज्य का राज रहा और उस दौरान मिस्र के बहुत से देवी-देवता रोम में पूज्य

माने जाने लगे। मिस्र के पुजारी रोम जाया करते थे और अपनी विशिष्ट पूजा पद्धति के अनुसार उपासना करते-कराते थे। इस तरह का विराट लेन-देन और उसका सार्वजनिक प्रकटन इन समाजों में सहज सम्भव होता रहा। यह मिश्र या रोम की विशेषता नहीं थी बल्कि ऐसा पूरे पैगन विश्व में निरन्तर होता रहा है। जहाँ-जहाँ उस परम्परा में आज भी ऊर्जा है, वहाँ यह आज भी हो रहा है। आधुनिक यूरोप में इस सम्भावना की जगह इसी पैगन संसार की देन है। यूरोप में उसकी शुरुआत इसीलिए रेनेसाँ के बाद से होती है। आधुनिक यूरोप में इस भाव और मर्यादा को ग्रहण करने में लम्बा समय लगा। उसे अपने आप से अति कठिन और मार्मिक संघर्ष करना पड़ा है। मैं एक दृष्टान्त देता हूँ। बात छोटी-सी है पर इससे एक गहन दार्शनिक तत्त्व स्पष्ट होता है। जब राजा राममोहन राय का इंग्लैण्ड में देहान्त हुआ, एक बड़ी मुश्किल क़ानूनी स्थिति उत्पन्न हुई कि उनके शरीर का क्या किया जाये। उसे दफ़नाया नहीं जा सकता था क्योंकि वे ईसाई नहीं थे, उनका बपतिस्माँ नहीं हुआ था। उनके शरीर को जलाया भी नहीं जा सकता था क्योंकि यह क़ानून के ख़िलाफ़ था, उसके लिए क़ानून में कोई प्रावधान नहीं था। इसका समाधान यह निकाला गया कि उनके शरीर को एक निजी ज़मीन में दफ़नाया जाये। इस प्रकार की व्यवस्था समस्त यूरोप में बीसवीं शती के आरम्भ तक कायम रही।

दूसरे विश्वयुद्ध तक सारे यूरोप के अगर पूजा-स्थलों का जायज़ा लिया जाये तो उनमें अधिसंख्य चर्च और थोड़े से सिनेगॉग ही मिलेंगे। यह अलग बात है कि सिनेगॉगों का अपना इतिहास पर्याप्त रक्तरंजित रहा है। अब विलीन हो चुकी पर विराट पैगन परम्परा के प्रतीक अब यूरोप में संग्रहालयों से बाहर मिलना कठिन हैं। या तो उनके खण्डहर हैं या तो उनके अवशेष संग्रहालयों में हैं। समस्त यूरोप में कहीं भी प्रकाशमय रूप में ऐसे स्थल आपको नहीं मिलेंगे। स्वयं संग्रहालयों की कहानी भी बहुत पुरानी नहीं है। ये सिलसिला तो अठारहवीं शती में शुरू होता है। पेरिस में लूव्र का संग्रहालय फ्रांसीसी क्रान्ति के बाद आरम्भ हुआ था। ये सब उन्नीसवीं शती की देन हैं। पैगन परम्परा की वापसी की जो सम्भावना इतनी विराट उथल-पुथल के बाद यूरोप में बन सकी, यह गहन दिव्य घटना है। इसका सम्मान किया जाना चाहिए। पैगन अनुभूति-मर्यादा की यूरोप में वापसी, पुनर्प्रतिष्ठा क़रीब सत्रह सौ बरस बाद हुई। इतनी तीव्र

विराट विस्मृति के अन्तराल बाद ऐसा होना निश्चय ही बड़ी बात है। हालाँकि आज भी रोम में, जहाँ तक मुझे पता है, चर्च के अलावा कोई और उपासनागृह नहीं बन सकता।

> पैगन परम्पराओं का एक और तथ्य मेरे विचार से यह भी है कि उनकी कलाओं में बढ़त की या उपज की बहुत प्रतिष्ठा है। इन परम्पराओं में कलाओं में, बढ़त की सम्भावनाओं को सहज स्वीकारा जाता रहा है। एक तरह से इन कला परम्पराओं में बढ़त की सीमाएँ निर्धारित नहीं की गयी हैं। इस तरह कला-कर्म और विचार में जो मूल आधार हैं, उनके विस्तृत होने की अनन्त सम्भावना को स्वीकारा गया है। सामी परम्पराओं में इसका अभाव रहा और इसलिए उनके कलारूप भी इस दृष्टि से भिन्न बने। उनके कलारूपों में बन्धन की चेतना बहुत गहरी है। यह ज़रूर है कि इन परम्पराओं में भी कुछ ऐसे कलारूप बने, जैसे कव्वाली, जिनमें एक तरह की पैगन चेतना का प्रवेश हुआ। बढ़त का यह तत्त्व पैगन समाजों की जीवन पद्धतियों में, भाषाओं के जन्म में भी हमें मिलता है। यह शायद इसलिए हो सका हो क्योंकि इन परम्पराओं में यह स्वीकृति थी कि जो कुछ भी अस्तित्ववान् है, वह आधारभूत सत्य की निरन्तरता में है या वह अपने आप में सत्य का ही रूप है। चूँकि झूठ का अस्तित्व ही नहीं है इसलिए जो भी नये रूपाकार जन्म ले रहे हैं, वे सत्य के उद्घाटन के सिवा और कुछ नहीं हो सकते। यह सच है कि इन रूपाकारों में कोई सत्य के निकट होगा और कोई नहीं होगा।

यह सच है कि मध्ययुगीन यूरोप की ललित कलाओं में प्राचीन यूनान-रोम की झलक भी आप लाख खोजें तो नहीं मिलेगी। पूर्णत: नवीन वास्तविकता के सृजन के प्रयास में यह निहित है कि अतीत से ऐसी दूरी बने जो कभी पार न हो सके। तात्पर्य यह है कि आर-पार की कल्पना भी असम्भव हो जाये। आकांक्षा के स्तर पर यह यूरोप के मध्ययुगीन क्रिश्चियनडम के लिए भी सही है, माओ के चीन के लिए भी, और लेनिन के सोवियत रूस के लिए भी। उसके पूर्ण नवीन सृजन के लिए विस्मृति अनिवार्य है। उसके बिना यह सम्भव नहीं है। यह मनुष्य के मूल स्वभाव या प्रकृति के

बिल्कुल विपरीत है। इस बात को बहुत क़ायदे और विनम्रता से समझने की ज़रूरत है। मैं विनम्रता इसलिए कह रहा हूँ क्योंकि अपनी परम्परा से अटूट दूरी बनाने की सामी ईसाई चेष्टा की एक अद्‌भुत देन भी है। मैं उस देन पर आना चाहता हूँ। वह देन है सेवा का विचार। बल्कि इस दूरी के नतीजतन सार्वभौमिक मानुषी सेवा, सार्विक मानव अधिकार का विचार ईसाई चेतना से ही केन्द्र में आया। इसीलिए उसका इतना ज़बरदस्त और सुदीर्घ असर हुआ। सेवा का भाव मनुष्य में हमेशा से रहा है और उसके संस्थागत रूप भी दूसरी परम्पराओं में रहे हैं। सम्राट अशोक ने तो पक्षियों के लिए भी अस्पताल बनवाये थे। उनके लिए औषधियों के संचय करने को प्रोत्साहित किया था। इस तरह सभी प्राणियों के प्रति दायित्व का बोध दूसरी परम्पराओं में भी मिलता है पर यह दायित्वबोध केवल मनुष्य प्रजाति के लिए नहीं था। पैगन परम्पराओं में उत्तरदायित्व सभी के प्रति माना जाता था जो सबसे अधिक जीवन्त रूप में आदिवासी जीवन में दिखायी देता है।

मुझे याद आ रहा है कि हमारे कई आदिवासी समुदायों में महिलायें अण्डा नहीं खातीं। उसके पीछे भाव यह है कि अण्डे में जीव के जीवन की सम्भावना सुषुप्त है, उसे कम से कम एक बार पनपने का मौक़ा दिया जाना चाहिए। ऐसा न हो कि जीवन को अवसर तक न मिले प्रकट होने का और वह समाप्त हो जाये। जीवन को जीने से पहले ही समाप्त न करने का यह भाव सुन्दर है। इसी तरह मादा पशुओं के शिकार का भी निषेध है। यहाँ शिकार से शिकायत नहीं है केवल मादा जीवन के शिकार पर बन्दिश है।

> वर्षाकाल में इसी तर्क से मछलियों का शिकार भी नहीं किया जाता क्योंकि इन दिनों वे अण्डे दिया करती हैं।

इस सबसे यही प्रकट होता है कि पैगन परम्पराओं में समस्त जीवन के प्रति एक गहरा उत्तरदायित्व का भाव रहा है। मूल भाव यह है कि जीवन को चलते रहना चाहिए। इसका मुझे एक बहुत सुन्दर उदाहरण जिम कार्बेट की कहानी में मिलता है। वे एक नरभक्षी शेरनी का पीछा कर रहे थे। उनके एक हाथ में बन्दूक थी। पीछा करते हुए वह एक ऐसी जगह पर आये जहाँ किसी चिड़िया के चार अण्डे रखे हुए थे। उन्होंने अपने ख़ाली

हाथ से उन्हें उठा लिया। उन्हें अपनी समझ और पौरुष पर विश्वास था। उनका अनुमान था कि शेरनी दूर होगी। एक पत्थर पर फिसलकर जब वे नीचे छोटी-सी छिपी घाटी में पहुँचे, उन्होंने अचानक अपने को शेरनी के सामने पाया। उन्होंने बहुत धीरे से बन्दूक सीधी की और गोली चलायी। शेरनी धराशायी हो गयी। जिम कार्बेट का मानना था कि अगर उस दिन वह नरभक्षी शेरनी न होती तो वे न बचते और अगर उनके हाथ में अण्डे न होते तो भी वे न बचते। उनका तर्क यह था कि चूँकि वह शेरनी नरभक्षी थी इसलिए वह यह मानकर चल रही थी कि वह उनका शिकार तो कर ही लेगी। अगर उनके हाथ में अण्डे न होते तो वे उतनी सावधानी से धैर्य रखकर निशाना नहीं लगा पाते। शेरनी के मरने के बाद उन्होंने अण्डे वापस उस अनजान परिन्दे के घोंसले में रख दिये जहाँ से उठाये थे। टैगोर का भी यही मानना था कि जीवन के प्रति दया भाव संस्कारवश उतना नहीं, जितना कि प्राणी की सहज प्रवृत्ति का अंश है।

मुझे जिम कार्बेट का एक और क़िस्सा याद आ रहा है जहाँ शिकारियों की टोली पूरे दिन शिकार कर लौट रही है और उनकी नज़र अचानक ऊपर आसमान में दो परिन्दों के बीच चल रहे संघर्ष पर जा टिकती है। बाज़ छोटी चिड़िया को पकड़ने की कोशिश कर रहा है। चिड़िया बचकर निकल जा रही है। जैसे ही वह बचकर निकलती है सभी लोग उत्साह और हर्ष से भर जाते हैं। मैंने बरसों पहले नेशनल जिओग्रेफ़िक पर यह देखा था कि एक घड़ियाल हिरण के बच्चे को पकड़ लेता है। नदी के किनारे एक हिप्पोपोटेमस उसके साथ-साथ चलता है। हिरण का बच्चा संघर्ष करके छूट जाता है और तब हिप्पोपोटेमस अपने मुँह से उस बच्चे को पुनरुज्जीवित करने की कोशिश करता है। टैगोर के कथन में गहरा सत्य मालूम देता है। हमारी परम्परा में भी यह बात स्वीकारी गयी है कि जीवन जीवन पर आधारित है और जीवन जीवन का भक्षी भी है। ये दोनों ही चीज़ें साथ-साथ चलती हैं। इस पेच का कोई समाधान नहीं है। मुझे लगता है यह विडम्बना ही कला में उपज का धरातल है।

> इस व्यापक दयाभाव और ईसाइयत के बाद आने वाले सेवाभाव में क्या फ़र्क़ है?

ईसाइयत में जो सेवाभाव केन्द्र में आया उसमें सभी मनुष्यों की सेवा का भाव निहित है। पैगन परम्पराओं में यह दायित्वबोध मनुष्यमात्र के प्रति नहीं बल्कि सारे प्राणी जगत् के प्रति हुआ करता था पर उसकी वास्तविक पहुँच और आकांक्षा एक सीमित दायरे तक थी। ईसाइयत के उपरान्त सेवाभाव की पहुँच सारी मनुष्यता तक हुई। वहाँ यह माना गया कि ऐसा कोई भी मनुष्य नहीं है जिसके प्रति सेवाभाव न रखा जा सके। यह सच है कि ईसाइयत में सेवा का यह भाव अपने से अलग मनुष्यों को 'सही मार्ग' पर लाने से आत्यन्तिक रूप से जुड़ा हुआ है।

'सही मार्ग' पर लाना भी वहाँ सेवा ही है।

और यह सेवाभाव अन्य मनुष्यों के प्रति गहरे दायित्वबोध से उत्पन्न होता है, अन्य के आध्यात्मिक जीवन के प्रति दायित्वबोध से। पर यह एक ख़तरनाक दायित्वबोध भी है क्योंकि इस बोध का वहन करने वाला मनुष्य यह मानकर चलता है कि उसे यह पता है कि आध्यात्मिक कल्याण का क्या मार्ग है। यह सेवा विचार का अँधेरा पक्ष है। सेवा के विचार में सेवा न कबूल करने वाले के प्रति हिकारत या हिंसा का भाव नहीं होना चाहिए। सेवा न कबूल करने वाले को यह अधिकार होना चाहिए कि उसे अकेला छोड़ दिया जाये। इस बात को आधुनिक व्यक्तिवाद एक बिल्कुल ही दूसरे रास्ते से पाने की कोशिश करता है। पर वह एक अलग कहानी है। किसी भी उपस्थित सेवा की अस्वीकृति को अन्धविश्वास कहना या आदिम भाव की अभिव्यक्ति मानना उचित नहीं है। हर मनुष्य के आध्यात्मिक स्वास्थ्य और नियति तय करने के अधिकार का दावा अपने आप में ख़तरनाक है। लेकिन इसमें तनिक सन्देह नहीं कि सेवा की ऐसी विराट कल्पना समस्त मानव विमर्श पटल के लिए एकदम नयी और अपूर्व थी। इसके तत्त्व अन्य परम्पराओं में भी थे पर ईसाइयत ने इसे बिल्कुल ही नये धरातल पर परिभाषित किया। उस धरातल से नैतिक दायित्व बिल्कुल ही नया आयाम पा लेता है। इस धारणा का विशिष्ट अपूर्व आयाम यह है कि अगर कहीं भी कोई भी मनुष्य दुखी है तो उसके प्रति हमारी ज़िम्मेदारी है। और यह सच है कि इतने विराट दायित्व का वहन करने की क्षमता मानवता सामान्य परिस्थिति में कम ही जुटा पाती है। लेकिन इस बोध-मान्यता में एक

अद्‌भुत प्रकार की सम्भावना निहित है। हमारे अपने निकट के अनुभव में मदर टेरेसा इस सम्भावना की दिव्यता का प्रतीक हैं। समस्त मानव मात्र के प्रति सेवाभाव ईसाई परम्परा की अद्‌भुत देन है। विशेषकर आधुनिक सन्दर्भ में यह पूरी दुनिया में सामाजिक-राजनैतिक कार्य के लिए भिन्न रूपों में प्रेरणा और आदर्श रही है। गाँधी जी के संकल्प और संघर्ष में इसका प्राथमिक स्थान रहा है।

सामी कल्पना जगत में, विशेषकर उसके चरम क्षणों में, या कहें उसके स्वबोध के पवित्र विशुद्ध क्षणों में, पैगन जगत जैसे रूपाकारों को उनकी विविधता में मुक्त विचरण की स्वीकृति देना असम्भव था।

मध्ययुगीन यूरोप में ईसाई कल्पना जगत में सत्य और झूठ दो समानान्तर तत्त्वों और शक्तियों के रूप में पहचाने जाते थे। इसलिए निरूपण के रूपाकारों को नियन्त्रित करने की आवश्यकता होती थी। जैसे इस परम्परा में प्रस्तुत सेवा की स्वीकृति-अस्वीकृति का प्रश्न बेमानी है, ठीक उसी प्रकार उस चिन्तन धुरी की मान्यता यह रही कि केवल सत्योन्मुखी रूपाकारों को ही स्वीकृति प्रदान की जा सकती है। इसलिए सही और ग़लत रूपाकारों को जाँचने और अलगाने के मापदण्ड तैयार किये गये ताकि यह स्पष्ट हो सके कि क्या स्वीकार्य होगा और क्या नहीं।

आपने कला के विषय में कहा कि हमारी परम्परा में कला की कोई सीमा नहीं बाँधी गयी थी। इसका यह आशय भी है कि ऐसा कोई कलात्मक रूपाकार नहीं हो सकता जो पूर्णत: अस्वीकार्य हो। यह हो सकता है कि कुछ रूपाकार अधिक पसन्द किये जायें, कुछ कम। कुछ को उत्तम कहा जाये, कुछ को अधम। लेकिन किसी भी रूपाकार के पूर्ण निषेध या अस्वीकृति की स्थिति नहीं आती। कम से कम इसके लिए हमारी परम्परा में कोई सैद्धान्तिक आधार नहीं है। इसीलिए हमारे यहाँ अस्पृश्यता के प्रश्न पर गाँधी जी का यह कथन मौलिक महत्त्व का है कि अस्पृश्यता के लिए हमारे यहाँ ऐतिहासिक या सामाजिक आधार भले रहा हो पर कोई भी दार्शनिक आधार नहीं रहा। मुझे लगता है इस तत्त्व को पहचानना बहुत महत्त्वपूर्ण है।

समस्त मानव अतीत में पहली बार सामी परम्परा में छवि मात्र से भय की शुरुआत होती है; चित्रण (निरूपण, प्रतिरूपण) से महाभय की अपूर्व

शुरुआत। इस भय का कारण निरूपण के सही रूपाकारों को पहचानने की बेचैनी में निहित है। निरूपण के ऐसे रूपाकारों को खोजने की बेचैनी जो झूठ की सेवा में न लग पायें, असत्य नहीं बल्कि कुटिल शक्तिमान झूठ की चाकरी या सेवा में, यानी शैतान की सेवा में न लग पायें। वे रूपाकार जो शैतान की सेवा-चाकरी में लगने वाले हों, उन्हें निर्वासित करना ही श्रेयस्कर माना गया। यहाँ प्रश्न उठता है कि मात्र निरूपण से महाभय की उत्पत्ति का आधार, या परिवेश क्या है। ऐसे अपूर्व भाव का उदय कैसे सम्भव हुआ। सार्वभौतिक दायित्व के विचार में एक विराट सौन्दर्य और दिव्यशक्ति की झलक का अहसास होता है। लेकिन क्या मात्र निरूपण से, मात्र छवि से भय इसी बोध-मान्यता का अँधेरा पक्ष नहीं है? दरअसल, इस प्रकार का भय स्वयं से भय का ही रूप है। यह अपनी परछाईं से घबराने जैसी बात है। मनुष्य निरूपण का प्राणी है क्योंकि उसके पास भाषा है।

भाषा कोई महज़ ऐतिहासिक शिल्प-तथ्य (आर्टिफ़ैक्ट) नहीं है। भाषा अपने बोलने और बरतने की पद्धतियों में भले ही ऐतिहासिक हो पर यह इतिहास एक ऐसी चीज़ पर आधारित है जो इतिहास से परे है, जो निश्चित इतिहास से उत्पन्न नहीं हुआ है। उसका सम्बन्ध मनुष्य प्रजाति के होने के तथ्य से है। इस अर्थ में मनुष्य अद्वितीय ढंग से निरूपण समर्थ प्राणी है। निरूपण के दो आशय हैं। पहला सत्य की खोज और दूसरा यह चेतना कि निरूपण स्वयं सत्य नहीं है। भाषा अपने होने मात्र से यह गहरी विडम्बना उत्पन्न करती है। एक ओर भाषा सम्भावित सत्य की खोज है, और दूसरी ओर यह आभास कि इस खोज का परिणाम हमें सत्य के समीप से आगे नहीं ले जा पाता। लेकिन भाषा की उपस्थिति ही ऐसी एकमात्र चीज़ है जो सत्य के बोध और खोज को सम्भव बनाती है। निरूपण के निर्वासन का आधार केवल यह दावा हो सकता है कि पूर्ण अन्तिम सत्य की पहचान/पकड़ हासिल हो सकती है। सत्य का बोध एवं सत्य के प्रति निष्ठा-आग्रह सामी परम्परा की विशेषता नहीं है, यह तो मानव जीवन में निहित तथ्य है। कोई ऐसी भाषा नहीं है जिसमें 'सत्य' के लिए शब्द न हो। वह कैसी भी भाषा क्यों न हो। चाहे उसके प्रयोग, अनुभव और स्मृति का दायरा कितना भी अल्प-संकीर्ण हो। वह भाषा उत्कृष्ट हो, न हो। यही कारण है कि सत्य का धरातल एक ऐसा धरातल है जिस पर खड़े होकर किन्हीं भी दो मनुष्यों के बीच संवाद हो सकता है। यह एक ऐसी अवधारणा है

जिसमें उसके रूपाकारों के विषय में मतभेद अवश्य होते हैं; सत्य को कैसा जाना जा सकता है, सत्य को कितना जाना जा सकता है, सत्य को किसने जाना है, ये सब प्रश्न उठते हैं। पर एक बात इसके पीछे बनी रहती है और वह है सत्य की अनन्तता/अनन्तिमता। सामी परम्परा की विशेषता यह है कि उसने प्रथमत: यह प्रतिष्ठित किया कि परम सत्य की पहचान उसको हासिल है, और वह उसके पास सुरक्षित है। सामी परम्परा में भी यहूदियों में मानवता के प्रति दायित्व का भाव नहीं था। उसमें मानव प्रजाति के प्रति दायित्वबोध उसके विशेष चुने अंश, यहूदियों तक ही सीमित था। ईसाई धर्म प्रवर्तन के पश्चात् इस दायित्वबोध अवधारणा का गुणात्मक विस्तार हुआ। यह बोध समूची मानव प्रजाति तक फैल गया। यह पहली बार सार्वभौमिक हुआ। इस दृष्टि के अनुसार सत्य जाना हुआ है, और जो इसके विपरीत है वह झूठ है। इसमें दो चीज़ें ध्यान देने योग्य हैं। पहली यह है कि परम सत्य का यथार्थ इतिहास से परे है, महज़ मानव सृष्टि से नहीं, सृष्टि मात्र से परे है। लेकिन उस अलौकिक परम सत्य की सूचना एक सामान्य मायने में ऐतिहासिक घटना है।

पैगन परम्परा में सृष्टि की कल्पना में कोई सर्जक नहीं है। यहाँ ऐसा नहीं माना जाता कि यहाँ जो कुछ भी आँखों के सामने का अनुभव है, वह परम सत्य से भिन्न है। यह अवश्य है कि सत्य पारगामी है पर वह सृष्टि से अलग नहीं है। लेकिन यहूदी मसीहाओं द्वारा प्रशस्त सामी परम्परा में, जिसका हम ज़िक्र कर रहे थे, परम सत्य सृष्टि से बिल्कुल अलग चीज़ है और उसकी सम्प्रभुता पर कोई अंकुश नहीं लगाया जा सकता। उसकी स्थिति सर्वोच्च है। परम सत्य भले ही मानव सृष्टि से अलग हो लेकिन उसकी जानकारी, सूचना का एकमात्र माध्यम मानव ही है। पैगन बोध और दृष्टि अनुसार परम सत्य समस्त जगत में व्याप्त है। उसकी उपस्थिति के संकेत और उसका यथार्थ मानव प्रजाति तक सीमित नहीं है।

छवि से भय मानवीय इतिहास में एक बिल्कुल नयी घटना थी। यह सच है कि छवियों की उपस्थिति हमेशा से ही उद्वेलनकारी रही है। इस उद्वेलन की तीव्रता को जादू के प्रयोगों में देख सकते हैं। बल्कि जादू की आधारभूत अवधारणा ही छवि के वास्तविकता से अति नैकट्य स्थापित कर पाने में है। मान्यता यह है कि विशेष प्रयोग के अन्तर्गत छवि जिस वस्तु का निरूपण है, कुछ समय के लिए वह स्वयं उस वस्तु में घटित हो जाती है।

इसलिए आप निरूपण के साथ जो व्यवहार करते हैं, वह वस्तु पर घटित हो जाता है। ज़ाहिर है कि मात्र छवि की उपस्थिति में एक तरह की बेचैनी और असहज सम्भावना सदैव रही है। छवि का भय सामी परम्पराओं की तीनों शाखाओं में अलग-अलग तरह से फलित हुआ।

पहले जूडायिक दृष्टि को देखें। पहली शताब्दी के यहूदी मन्दिर के उत्खनन में कुछ ऐसे म्यूरल मिले हैं जिनमें बाइबल की कथाओं का चित्रण है। वहाँ केवल उन छवियों को स्थान दिया गया है जो यहूदी मसीही परम्परा में स्थापित सत्य का निरूपण करती थीं। इस सीमित स्वीकृति में निहित है परम सत्य, शब्द और छवि के बीच एक विशिष्ट समीकरण। सामी अवधारणा के अनुसार परम सत्य को जानने का एकमात्र मार्ग 'रिवेलेशन' है और वह घटित परम सत्य दिव्य मसीहों के बोले शब्दों में सुरक्षित है। सामी कल्पना-विमर्श में घटित परम सत्य (रिवेलेशन) का वाहक शब्द ही हैं और शब्द ही हो सकते हैं। लेकिन जिस प्रकार लेखन बोले शब्द का वाहक बनता है, छवियाँ, विशेषकर घटित परम सत्य की घटनाओं को अंकित करती छवियाँ, भी शब्द का वाहक बन सकती हैं लेकिन यहाँ अन्य छवियों या चित्रों के लिए कोई स्थान नहीं है। लेकिन तब भी यहूदी दृष्टि में छवियों की छोटी-सी जगह तो अवश्य है। ईसाई दृष्टि में यह भय है अवश्य लेकिन बहुत गहरा नहीं है। इसलिए बाइजेण्टियम के पूर्वी ईसाई साम्राज्य में मूर्ति शिल्प की कोई परम्परा नहीं रही पर वहाँ सपाट-दो आयामी चित्रों को स्वीकृति प्राप्त थी, बहुआयामी चित्रों या छवियों को नहीं।

तब बाइजेण्टियमी ईसाई विमर्श में यह प्रश्न उठा कि हम जो सत्य के वाहक हैं, हम जो सत्य के संरक्षक हैं, हमें शिकस्त क्यों मिल रही है। इस प्रश्न का जो जवाब उन्होंने खोजा, वह यह था कि हम इसलिए हार रहे हैं क्योंकि हम मूर्तिपूजक हो गये हैं। पर दरअसल इस कलह-क्लेश का स्रोत मूर्तिपूजा नहीं, मात्र 'छविपूजा' थी। इसके बाद वहाँ बड़ा आन्दोलन चला जिसने तमाम छवियों को नष्ट करने का अभियान चलाया। छवियाँ (आईकन्स) बनाने वालों को भी मारा गया। लेकिन तब भी छवियों से भय व्यापक रूप नहीं ले पाया, ईसाइयत में छवि का दार्शनिक-धार्मिक आधार क्षीण, बिखरा हुआ-सा ही बच-बन पाया।

इस्लामी कल्पना-विमर्श जगत में छवि से भय का दार्शनिक-धार्मिक आधार उग्र चरम पर है। यह सच है कि इस्लामी दुनिया भी चित्रों को पूरी

तरह बहिष्कृत नहीं कर पायी, वहाँ भी चित्रों का स्थान रहा है; चित्र बनाने की परम्परा भी रही। पर दुनिया में ऐसी एक भी मस्जिद नहीं है जहाँ पर चित्र हों। ऐसा न यहूदी मन्दिरों के बारे में कहा जा सकता है और न ही ईसाई गिरजाघरों के बारे में। इस्लाम के उपासना-गृहों में चित्रों का स्थान अकल्पनीय है। इस परम्परा में चित्रों को बहिष्कृत करने के कहीं अधिक पुख़्ता मापदण्ड तैयार किये गये ताकि यह स्पष्ट हो सके कि क्या स्वीकार्य होगा और क्या नहीं। मूर्ति शिल्प के लिए तो वहाँ बिल्कुल भी जगह नहीं है। इसके समानान्तर एक महत्त्वपूर्ण विराट तथ्य पर नज़र रखना ज़रूरी है। भारत में मुग़लकाल में चित्रकारों को बहुत राजाश्रय मिला और उसका भारतीय कला और संस्कृति में अपना बड़ा योगदान रहा है। पर वहाँ मूर्ति शिल्पियों और शिल्प को किसी भी तरह का राजाश्रय नहीं मिला।

इस्लामिक जगत में जिस कला को श्रेष्ठ मान्यता प्राप्त है और जिसके सहारे वहाँ छवियों की सूक्ष्म वापसी होती है, वह है कैलिग्राफ़ी, यानी किताबत। हम यह कह सकते हैं कि छवि के भय को न पूरी तरह जीता जा सका और न यह अपना आतंक पूरी तरह से कायम कर पाया। दुनिया में कैलिग्राफ़ी की केवल दो महान् परम्पराएँ हैं : इस्लामी और चीनी। पर उनके दार्शनिक आधार बहुत भिन्न हैं। चीन की कैलिग्राफ़ी असीम की उपासना है। अनन्त, असीम की सिद्धि और उपासना दोनों ही इस कैलिग्राफ़ी में समाहित हैं। लेकिन अरबी कैलिग्राफ़ी में यह उपासना और यह सिद्धि अकल्पनीय है। वहाँ उपासना शब्दों की ध्वनि में निहित है, उनके आकार लिपि रूप में नहीं।

> इसका अर्थ यह है कि वहाँ कैलिग्राफ़ी अलंकरण से अधिक कुछ नहीं।

इस्लामी परम्परा में कैलिग्राफ़ी की वैधता इसमें है कि वह सत्य शब्द का अलंकरण है। पर वह सत्य नहीं है। वह सत्य का माध्यम भी नहीं है। वह सत्य की सज्जा है, उसके सहारे सत्य तक पहुँचने की कल्पना भी स्वीकार योग्य नहीं है। चीनी कैलिग्राफ़ी में यह मान्यता निहित है कि आप उसके माध्यम से सत्य तक पहुँच सकते हैं। रूपाकारों की स्वायत्तता और ऊर्जा-शक्ति एक विशिष्ट अनायास भावना में निहित होती है, उसके स्रोत

बहुत गहन हुआ करते हैं। सत्य की सत्यता इतनी व्यापक और गहन है कि उसकी मर्यादा और परिधि से कुछ भी बाहर नहीं। इसलिए हर रूपाकार में यह सम्भावना निहित है कि वह आपको सत्य से सम्बद्ध कर सके।

हर आवाज़ अलग हुआ करती है। बल्कि एक ही आवाज़ दो अलग समयों में अलग होती हैं। इसके बीच एक गुणात्मक अन्तर हुआ करता है और वह बेचैनी का कारण बनता है। दोहराव की वैधता इस बात में है कि ऐसा कोई मार्ग है जो ज्ञात है लेकिन उस पर अडिग रहना आसान नहीं, और इसलिए उस मार्ग के सूचक शब्द-क्रियाओं को दोहराया जाना चाहिए। सारे अनुष्ठान यही करते हैं। लेकिन इसमें कभी न शान्त हो सकने वाली बेचैनी निरन्तर बनी रहती है, कि क्या यह वही मार्ग है? मानवीय दोहराव केवल दोहराव नहीं हो सकते। उसमें कुछ न कुछ नया निश्चय ही अनजाने-अनायास प्रवेश कर जाता है, और पहली नज़र में सबसे निरर्थक क्रिया में भी कोई अद्‌भुत सम्भावना बनी रहती है। परफ़ेक्ट दोहराव के प्रयोग-सिद्धान्त में भी भिन्नता का कुछ स्थान होता है। उदाहरण के लिए, एक ही मन्त्र का अगर अलग-अलग लोग उच्चारण करें, तो हो सकता है कि उच्चारण बिल्कुल एक-सा हो तब भी उसकी ध्वनि में तो फ़र्क़ होगा। लेकिन उसे अर्थपूर्ण भिन्नता नहीं माना जा सकता। इस्लामिक कैलिग्राफ़ी की प्रामाणिकता इसमें है कि वह सत्य शब्द की ध्वनि समान मौन की स्थिति को भी निरन्तर ध्वनित करती है। बाक़ी रही अन्य सज्जा, वह अच्छी हो सकती है, ख़राब हो सकती है पर वह अनिवार्य नहीं है। इसी तरह अनुष्ठानों में ध्वनि के भेद का महत्त्व नहीं है। पर शब्द और उनका उच्चारण बिल्कुल वही होना चाहिए जो होता आया है। यहाँ उच्चारण और ध्वनि में भेद किया गया है। संगीत का आधार इससे बिल्कुल भिन्न है। वहाँ ध्वनि भेद ही सत्य का माध्यम है, शब्द नहीं। अनुष्ठान में उच्चारण ही सत्य वाक्य है, वही सत्य-सम्प्रेषण के मर्म को आकार देता है। लेकिन संगीत में न शब्द, न लहज़ा और न उच्चारण, वहाँ वह स्थान ध्वनि का है और इस विशुद्ध ध्वनि का शब्द से कोई रिश्ता हो भी सकता है, नहीं भी। लेकिन शब्द भी एक विशिष्ट शक्ति तब ग्रहण करता है जब एक ध्वनि के रूप में वह एक विशिष्ट आकार पाता है। उसके बग़ैर न उसका कोई अस्तित्व है न महत्त्व।

कल हम छवि के भय और कैलिग्राफ़ी के विषय में बात कर रहे थे। क्या आप इस विषय पर कुछ और कहना चाहते हैं।

संस्कृतनिष्ठ भाषाओं में कैलिग्राफ़ी के लिए कोई शब्द नहीं है।

लिपि का अर्थ, हालाँकि लीपने से है पर उसका आशय भी इबारत से है, कैलिग्राफ़ी से नहीं।

उर्दू और अरबी में एक शब्द इस्तेमाल होता है—ख़त। उसमें इशारा लेखन क्रिया की ओर है। जबकि 'अच्छा लेखन' में कैलिग्राफ़ी की ध्वनि नहीं है। 'लेखन' शब्द का जो आर्थी ढाँचा है, उसमें इस अर्थ की सम्भावना अवश्य थी। लेकिन उसमें यह अर्थ मुखरित नहीं होता। मैंने यह प्रश्न ब्रिजेन्दर नाथ गोस्वामी से एक अलग ढंग से पूछा। मैंने उनसे कहा कि हमारे बोध या सोच की परम्परा में चित्र, चित्रण और चित्रित वर्णन मूल में हैं, उनकी हर ओर व्याप्ति है। लेखन की कल्पना, ऐसा लगता नहीं कि हमारे यहाँ शुरू हुई है। हमने लिपि अवश्य बनायी पर उसे बनाने की प्रेरणा बाहर से आयी है। उसे हमने जिस रूप में स्वीकार किया, उसमें हमारा पारिभाषिक योगदान है। हमारी लिपि पहले की लेखन पद्धतियाँ-लिपियों का यान्त्रिक स्वीकरण नहीं है। वह एक बहुत ही भिन्न भाषिक सिद्धान्त पर संयोजित हुई है। और इसीलिए वह ध्वनि, लिखित और चित्रित बीच के अन्तर्सम्बन्धों की एक नितान्त भिन्न व्यवस्था प्रस्तावित करती है। लेकिन तब भी लिपि की मूल धारणा हमारी अपनी नहीं है। लेकिन कैलिग्राफ़ी जैसा प्रयोग हमारे यहाँ नहीं हुआ। इतनी पहचान हमारे यहाँ निश्चय ही है कि किसी भी मानवीय या लोक-क्रिया में विशुद्ध दोहराव सम्भव नहीं है। जब तक कोई मानव क्रिया है, वह कितनी ही मामूली क्यों न हो, उसके दोहराव में कुछ भिन्न विशिष्ट सम्भावना का बीज अवश्य होता है। दोहराव में यह सम्भावना बनी रहती है कि कुछ ऐसा उत्पन्न हो जाये जो कभी न सोचा गया, न जाना गया। मानव जीवन में सृजन की कल्पना और सम्भावना इसी में निहित है कि छोटी से छोटी, निम्न से निम्न क्रिया में, ऐसा कुछ अनायास हो जाता है जो साक्षात् से परे हुआ करता है, जो उस क्षण तक गर्भस्थ रहा आया था। आपके हाथों वह अनायास ही हो जाता है जो आपसे परे होता है। चाहे वह आरती उतारना ही क्यों न हो।

आरती उतारने और कैलिग्राफ़ी में समतुल्यता है। आरती उतारना दोहराव है, एक ही बिन्दु या एक ही आराध्य की कल्पना के इर्द-गिर्द आप चक्कर लगाते हैं। इस अर्थ में यह अत्यन्त दोहरावपूर्ण कर्म है। लेकिन साथ ही वह बहुत गहन कर्म भी है क्योंकि उस कर्म में आप यह आशा करते हैं कि आप उससे पारलौकिक दिव्यता की कुछ अनुभूति कर पायेंगे। और इस प्रकार दोहराव का यह कर्म पारगामिता का मार्ग बन जाता है। यह तत्त्व बोध निस्सन्देह कैलिग्राफ़ी में भी है। एक ही शब्द को बार-बार लिखते हुए, बार-बार सज्जित करते हुए आप सज्जा के परे निकल जाते हैं। आरती उतारने के भाव की दार्शनिक पुष्टि चीन के सन्दर्भ में काफ़ी स्पष्ट है।

लेकिन इस्लामिक कैलिग्राफ़ी के सन्दर्भ में यह पुष्टिकारक दर्शन उपलब्ध नहीं है। इस्लामिक कैलिग्राफ़ी में पुण्य का भाव अवश्य निहित है क्योंकि आप कुरान लिखते हुए वह लिख रहे हैं जो ख़ुदा का कहा हुआ है। लेकिन अगर आप कुछ और लिख रहे हैं तब उसमें पुण्य कहाँ से और कैसे आये। चीनी कैलिग्राफ़ी परम्परा में इस बात का विशेष महत्त्व नहीं है कि आप क्या लिख रहे हैं जिस तरह जब कोई चित्रकार कोई चित्र बनाता है तो उसकी उपलब्धि इस बात पर निर्भर नहीं करती कि वह किस चीज़ या किस प्रकार की कल्पना को चित्रित कर रहा है। यह बड़ी विचित्र बात है कि हमारे जैसी परम्परा में जहाँ आरती उतारने जैसे दोहरावपूर्ण कर्म के ऐसे दार्शनिक आशय मौजूद है, वहाँ कैलिग्राफ़ी का नितान्त अभाव है।

क्या हम एक बार फिर आधुनिक जगत की सृष्टि की ओर लौटें?

आधुनिक जगत की सृष्टि और उसकी कल्पना का स्रोत निस्सन्देह सामी परम्पराएँ हैं। इस तथ्य का बयान और किसी तरह से किया ही नहीं जा सकता। ईसाई परम्परा की गहनतम उपलब्धि सेवा है, सेवा के प्रति गहन निष्ठा। सेवा का प्रयोग और उसकी परम्परा हर मानव समाज में है। लेकिन ईसाई धर्म के पहले उसके कुछ विशिष्ट दायरे हुआ करते थे। उन्हीं दायरों के भीतर सेवा का प्रयोग हुआ करता था। उन्हीं दायरों में सेवा के प्रति आग्रह और निष्ठा हुआ करती थी। यह मान्यता ईसाइयत के साथ पहली बार आयी कि अगर कोई मानव कहीं भी कष्ट में हो तो उसकी सेवा करना भगवान की सेवा और एक मायने में सत्य की सेवा करने जैसा

है। यह एक बहुत सुन्दर और अद्‌भुत कल्पना और कर्म है। लेकिन इसका एक अँधेरा पक्ष यह है कि इस सेवा की कोई सीमा या मर्यादा नहीं है।

सेवा कल्पना-अवधारणा में निहित धर्मसंकट को मैं रेखांकित करना चाहूँगा। यदि कोई यह कहे कि उसे सेवा कबूल नहीं है तो उसे सहज स्वीकार करने की दार्शनिक भूमि वहाँ नहीं है। हमारे यहाँ भी सेवाभाव/सेवा प्रयोग जारी रहे हैं। चाँदनी चौक में आज भी चिड़ियों का अस्पताल चलता है और वह संस्था आज भी गहन दार्शनिकबोध का जीवन्त प्रतीक है। लेकिन कलकत्ता में यह केवल मदर टेरेसा कर सकीं कि जो लोग मर रहे थे, जो लोग मृत्यु के बेहद क़रीब जा पहुँचे थे, उनकी समर्पित सेवा का दूसरा कोई उदाहरण मुझे भारत में नज़र नहीं आता। इसी कारण यह सम्भव हुआ कि मदर टेरेसा के प्रति उत्पन्न आदर-भाव ईसाई समूह तक सीमित नहीं रहा। हालाँकि वे नितान्त जीसस-निष्ठ महिला थीं, ठीक जैसे मीराबाई कृष्ण-निष्ठ थीं। उनके लिए तो एक ही किताब थी। उन्हें बाइबल के आगे पढ़ने की कोई ज़रूरत महसूस नहीं हुई। लेकिन उनकी सत्य-निष्ठा की असीम-सी पहुँच सेवा के माध्यम से थी। सेवा की ईसाई परम्परा में दार्शनिक भूमि बड़ी भव्य है। इसकी प्रेरणा-प्रतिक्रिया में अन्य बहुत-सी परम्पराओं में बहुत-से सेवा के प्रयास और प्रयोग शुरू हुए। लेकिन कहीं भी सेवा की वैसी गहन निष्ठा और दिव्य ऊर्जा पनप नहीं पायी। कटु विडम्बना यह है कि मैं जिस दिव्य ऊर्जा और जिस गहन धर्मसंकट को रेखांकित करने का प्रयास कर रहा हूँ कि उसकी उपज भूमि वही है जो सेवा की है। वह उपज भूमि इस भावनिष्ठा में निहित है कि मेरे सत्य के अलावा जो कुछ भी है, झूठ है।

परम सत्य के एकमात्र साक्षी और सिपाही होने की निष्ठा और ताक़त ने मध्यकालीन ईसाई यूरोप को बेहद अकेला कर दिया था। वह यूरोप के गहन अकेलेपन का दौर था। वह उसका एकान्त नहीं था। वह अकेला छूट गया था। उसकी आकांक्षा तो समूचे विश्व पर छाने की थी पर वह अकेला रह गया था। एकान्त में तो पारगामिता की सम्भावना हुआ करती है क्योंकि वहाँ आप तुच्छ चीज़ों से छूट कर अपने आप से, चरम सत्य से सम्बन्ध बनाते हैं। पर अकेले छूट गये उस यूरोपीय समाज में अपने यथार्थ से परे कोई सम्बन्ध बनाने का वैध उपाय बाक़ी नहीं रहा था। वह रेनेसाँ के बाद उत्पन्न हुआ। रेनेसाँ ने यूरोप को उसके अकेलेपन से राहत

दिलायी। आधुनिक ज्ञान-व्यवस्थाएँ इसके अभाव में सम्भव नहीं थीं। इन व्यवस्थाओं की अपनी समस्याएँ हैं, इसमें शक नहीं। लेकिन वे समस्याएँ इसलिए हैं क्योंकि आधुनिक ज्ञान-व्यवस्था में असीम को या विराट को छूने की आकांक्षा यूरोप के छह-सात सौ वर्षों की अकेलेपन की छाया में विकसित हुई है। उसकी कुछ समस्याएँ उस छाया से जुड़ी हैं।

मैंने पहले आपसे कहा था कि ऐतिहासिक धरातल पर भेदों की पहचान उन प्रतीकों के सन्दर्भ में होती है जो अभेद से सम्बन्धित हैं। यह एक गहन विडम्बना है। लेकिन पैगन जगत में यह पहचान थी कि ये भेदोपभेद बहुत महत्त्व के नहीं हैं। ये बहुत स्थायी भी नहीं हैं। ये चीज़ें नितान्त अनित्य हैं। ये कोई नित्य चीज़ें नहीं हैं। यह आभास इस कारण था, यहाँ यह मान्यता है कि ये सब दृश्य-जगत की अनित्य वस्तुएँ अभेद या असीम के ही रूप हैं। ये आपको पैगन जगत में कल्पना और व्यवहार के हर स्तर पर मिलेंगी। लेकिन इस बात की इतनी गहरी विस्मृति हुई कि अठारहवीं शती में जब लोग यूरोप से भारत आये तो धर्म की सार्विकता की सहज व्याप्त अवधारणा उन्हें बिल्कुल अनोखी लगी। जबकि यह बात स्वयं उनके अतीत में बहुत गहरायी से व्याप्त रही थी। लेकिन वे उस समय तक उस भाव की स्मृति भी खो चुके थे। लेकिन पैगन जगत में अभेद के दार्शनिक बोध की सहज उपस्थिति के कारण भारत के विभिन्न समाजों-सम्प्रदायों के बीच संवाद हमेशा ही सम्भव रहे आये थे। प्रायः हर सम्प्रदाय भले ही यह मानते रहे हों कि उनका कर्मकाण्ड और परम सत्य की अभिव्यक्ति अति भव्य है, श्रेष्ठ हैं पर साथ ही वे इससे इनकार नहीं कर सकते थे कि उनकी भव्य हक़ीक़त और अन्य की सामान्य फीकी वास्तविकता के बीच कोई तात्त्विक मूल भेद है। वह सच और झूठ के बीच का फ़ासला नहीं है। सत्य की ही धुरी से कोई अधिक निकट है, कोई नहीं है, सम्प्रदायों-समाजों के बीच की भिन्नता मात्र नाम-रूप की है।

> लेकिन आधुनिक दुनिया के बनने की आप जो बात कर रहे थे, जहाँ आपने कहा कि उसके स्रोतों में यूनानी और रोमन पैगन परम्पराएँ और सामी परम्पराएँ शामिल हैं, उस आधुनिक दुनिया की दार्शनिक परम्पराओं ने जिस सार्विक सत्य की प्रस्तावना की, वह उस पैगन सत्य से काफ़ी अलग है जहाँ यह माना जाता था कि विभिन्न

भेदोपभेद एक ही असीम के या एक ही अभेद तत्त्व के विविध रूप या वर्णन हैं। आधुनिक जगत द्वारा स्थापित सत्य से अलौकिक का विलोपन हो गया। उसमें यह माना गया कि भौतिकता की सत्ता ही सार्वभौमिक है। शायद इस आधार पर एक नयी सार्विकता, यूनिवर्सेलिटी का जन्म हुआ। इन दो सार्विकताओं की (आधुनिक और पैगन) भिन्नताओं के आधार पर जो मानवीय व्यवहार अस्तित्व में आये, आप उन्हें किस तरह देखते हैं?

पहले हम यह समझें कि ये भिन्नता क्या है। आधुनिक चेतना का स्वबोध यह है कि उसने मान्व इतिहास में पहली बार सार्विकता के स्वप्न को साकार कर दिया है। उसका यह मानना है कि उसके पहले की सार्विकता की कल्पना संकीर्ण एवं आंशिक थी और वह कभी भी सचमुच साकार नहीं हो सकती थी। वह स्वप्न मात्र ही थी। आधुनिक चेतना यह मानती है कि उसने मानव कल्पना में निहित दीर्घ प्रामाणिक तत्त्वों को यथार्थ रूप दिया है। एक अर्थ में जो आधुनिकता के पहले धुँधले विराट अतीत में मात्र स्वप्न की मरीचिका या सान्त्वना थी, उसने उसे यथार्थ कर दिया। दूसरे शब्दों में, उसका यह दावा है कि वे स्वर्ग को एक अर्थ में ज़मीन पर ले आये हैं। पैगन बोध में सत्य की सर्वव्यापकता ऐसी है कि ऐसा कोई स्थान नहीं, ऐसा कोई काल नहीं, कोई ऐसी भाषा नहीं जिसमें वह घटित नहीं होता हो। यह अवश्य है कि कहीं वह स्पष्ट रूप से घटित हुआ, स्वीकारा गया, कहीं क्षीण रूप से। सत्य का ऐसा अस्तित्व है कि उसके जो विपरीत है, उसकी स्वायत्त सत्ता अकल्पनीय है। आधुनिक सार्विकता की कल्पना यह है कि सार्विकता ऐतिहासिक क्रिया की उपलब्धि है। चूँकि वह ऐतिहासिक क्रिया की ही उपलब्धि हो सकती है, इसलिए वह धीरे-धीरे उपलब्ध होती है। उसकी गति को धीमा या तेज़ किया जा सकता है।

क्या आप यह कह रहे हैं कि चूँकि सार्विकता की आधुनिक कल्पना में ऐतिहासिक प्रक्रिया को इतनी केन्द्रीयता प्राप्त है इसलिए वह हमेशा ही अपूर्ण बनी रहती है और एक सम्भावना के रूप में ही उपस्थित रहती है?

मैं यह कह रहा हूँ कि आधुनिकता की यह परिकल्पना है कि सार्विकता की प्रक्रिया किसी विशेष स्थान और समय में आरम्भ होती है। और इस आरम्भिक स्थान को सार्विकता का केन्द्र करार दिया जाना चाहिए। इस क्रिया के कुछ वाहक हैं। वे हैं मानवीय संस्थान, शक्ति और विचार संरचनाएँ आदि। सार्विकता की क्रिया किसी केन्द्र से परिधि में फैलती है। प्रगति की सारी कल्पना फैलाव की इसी गति और स्वरूप में निहित है। इस क्रिया की पहचान का प्रश्न भी उठता है। इसकी पहचान का आधार यह विचार रहा है कि मानव जीवन सदैव संकीर्ण दायरों में फँसा रहा है जिसका कारण अविकसित तकनीक और अचल दूरी में निहित अलगाव रहे हैं। आधुनिकता पूर्व की भिन्न जीविकाओं और जीवनशैलियों के बिखरे और एक-दूसरे से अनजान मानव अस्तित्व को उसकी स्वाभाविक अटल नियति माना जाता था। उसमें अपनी छोटी-सी संकीर्ण दुनिया, चिरकाल से एक ही क्रम और क्रिया दोहराने में मग्न, बाहर की हर चीज़ के प्रति उदासीन थी। नये और अनजान को जानने की जिज्ञासा उनमें नहीं रही क्योंकि आधुनिक मान्यता के अनुसार समूचे जगत की वास्तविकता की कल्पना भी उनके बोध के क्षितिज में प्राय: असम्भव थी। आधुनिक तकनीक के सहारे ही मनुष्य चिरकाल से स्थिर, गतिहीन, जिज्ञासाहीन, जड़-जीवन क्रिया को भेदकर एक गतिमान निरन्तर भव्यतायुक्त असीम जीवन शैली को अपना सकता है। यह असीम प्रगति की ओर उन्मुख ऐतिहासिक प्रक्रिया निरन्तर परिष्कृत तकनीक और संगठन के माध्यम से मनुष्य के स्वातन्त्र्य के क्षेत्र का विस्तार कराती है और इस क्षेत्र के विस्तार और परिष्कार की ठोस पहचान और प्रमाण है, उपभोग सामग्री का हर समय बेहतर होता स्वरूप और भविष्य में उसकी अपार उपलब्धि की सम्भावना। और आधुनिक कल्पना के अनुसार इस प्रकार निश्चित ही एक दिन ऐसा आयेगा जब सबके पास सब कुछ होगा। इस तरह इस विचार में दो तत्त्वों का संयोग है; सार्विकता और स्वातन्त्र्य। ये दोनों धारणाएँ साथ-साथ चलती हैं : सच्ची सार्विकता का क्षण ही सच्चे स्वातन्त्र्य का क्षण है। स्वातन्त्र्य का यहाँ अर्थ बन्धन से मुक्ति है : ऐसी स्थिति और ऐसा मर्यादाबोध जिसमें आप जो सोचें, जो चाहें उसे कर पाना सम्भव हो। इस सन्दर्भ में यह महत्त्वपूर्ण और ध्यान देने योग्य है कि संस्कृतनिष्ठ भाषाओं में 'फ्रीडम' के समानान्तर शब्द का अभाव है। स्वातन्त्र्य जिसका अक्सर

प्रयोग किया जाता है, एकदम भिन्न अर्थ के धरातल की उपज है।

क्या इसे मर्यादा से मुक्ति कहा जा सकता है?

उसमें मर्यादा की सम्भावना है या नहीं, यह एक महत्त्वपूर्ण प्रश्न है। सीमा के बिना मर्यादा की कल्पना नहीं हो सकती। मानव जीवन में सीमा के बिना कुछ भी सम्भव नहीं है। एक ऐसा शब्द अँग्रेज़ी में है जो हमारी भाषाओं में नहीं है पर जिसकी बड़ी आभा है; 'डिग्निटी'। मानवीय डिग्निटी में भी सीमाएँ होती हैं, एक वे जो स्वारोपित हैं और दूसरी वे जो तत्कालीन मानकों द्वारा आरोपित की जाती हैं। सीमा मुक्त मानवीय क्रियाओं को दार्शनिक आधार देना असम्भव है क्योंकि अर्थपूर्ण मानव जीवन की सम्भावना बिना सीमाओं की कल्पना के नहीं हो सकती। सीमाएँ क्या हों, कैसी हों, उन्हें कौन तय करे, इस पर बहुत बहस है, और हो सकती है। इस पर पूर्ण सहमति शायद कभी न बने। लेकिन दूसरे जीवों के लिए यह नहीं है। एक हाथी को दु:ख हो सकता है, उल्लास हो सकता है, पर उसकी अनुभूति में 'डिग्निटी' जैसे तत्त्व की उपस्थिति अकल्पनीय है।

> क्या यह इसलिए नहीं है क्योंकि मानव जीवन ऐसा अकेला जीवन है जिसमें स्वभाव के अलावा स्वधर्म की भी परिकल्पना है और यही नहीं इनके बीच अन्तराल भी हुआ करता है। उदाहरण के लिए चिड़ियों में, हमारी बातचीत की शुरुआत में आयीं चिड़ियों के स्वभाव और स्वधर्म के बीच अन्तराल नहीं है उसका जो स्वभाव है, वही स्वधर्म है पर मनुष्य के स्वभाव और स्वधर्म के बीच गुणात्मक अन्तराल है...

इनके बीच निश्चय ही गुणात्मक अन्तराल है और हमेशा से रहा है। यह अनादि है। मानव स्वधर्म असीम की कल्पना के बिना सम्भव नहीं है। अन्य प्राणियों के स्वधर्म में असीम का कोई स्थान नहीं है। ज़ाहिर है जो भी बात हम कर रहे हैं, मानवबोध और क्रिया के माध्यम से ही कर रहे हैं, यह हमारी सीमा है। हम यह नहीं जान सकते कि हाथी या कुत्ते की नज़र से अनन्त का क्या स्वरूप है। लेकिन उनका जो व्यवहार हम देखते

हैं, उसमें असीमा का स्थान नजर नहीं आता। अगर उनके स्वभावानुकूल परिस्थितियाँ हों तो उनमें कोई बेचैनी नज़र नहीं आती। लेकिन मनुष्य में सामान्य ज़रूरतों के पूरा होने पर भी बेचैनी की समाप्ति नहीं होती।

> उसका कारण उसके भीतर अनन्त की सम्भावना का बोध है।... पर हम आधुनिकताबोध में सार्विकता के विचार पर दुबारा लौटें....

आधुनिक सार्विकता की परिकल्पना ऐतिहासिक प्रक्रिया की देन है। आधुनिक दृष्टि के अनुसार आधुनिकता के पहले मानव अस्तित्व अंशों में बँटा हुआ था। उसमें सार्विकता के बोध की सम्भावना अत्यन्त क्षीण थी। आधुनिक जगत के निर्माण में यह पहली बार सम्भव हुआ है कि सार्विकता का बोध सम्पूर्ण हो सके। सार्विकता की कल्पना और यथार्थ पहली बार सम्भव हुए हैं। मानवीय जीवन में स्वतन्त्रता और चयन की सम्भावना को कुछ परिस्थितियाँ संकुचित करती हैं, उनमें प्रमुख हैं, वस्तुओं की कमी। इसलिए आधुनिक समय में पहली बार अभाव का स्थान प्राचुर्य लेता है। अभाव से प्राचुर्य की ओर पहुँचने की प्रक्रिया ही प्रगति है। यही सार्विकता है। प्राचुर्य, प्रगति और सार्विकता, ये तीनों साथ-साथ चलते हैं। चूँकि ये सब ऐतिहासिक प्रक्रिया के अंग हैं इसलिए इसके फलस्वरूप कुछ ऐसे समाज हैं जिनमें सार्विकता प्रत्यक्षत: स्थापित हो चुकी है। बाक़ी स्थानों पर ऐसा नहीं हो पाया है, वहाँ वह हो रहा है। कुछ लोग प्रगति के रास्ते पर बहुत आगे हैं, कुछ पीछे हैं। जो आगे हैं उनका अतीत पिछले समाजों का वर्तमान है। आधुनिक युग में पहली बार समाजों की पहचान ऐतिहासिक उपलब्धियों के आधार पर बनना शुरू हुई। हम जिन वस्तुओं का उपभोग करते हैं उन्हीं से हमारी पहचान बनने की शुरुआत हुई। गाँधी जी की आधुनिक सभ्यता के प्रति सबसे कटु आलोचना यही थी कि इसमें 'स्व' की परिभाषा इस बात पर निर्भर है कि आप कौन सी चीज़ें बनाते और किन चीज़ों का उपभोग करते हैं। इस तरह सारे जीवन का मूल्यांकन उपभोक्ता की दृष्टि से होता है और गुणवत्ता की कल्पना भी वहीं से अर्जित होती है। यानी उसकी उपज का धरातल वस्तुएँ ही हैं। बेहतर से बेहतर वस्तुओं के बन पाने में ही प्रगति निहित है और उसी में मूल्य हैं। तथ्य और मूल्य के सम्बन्ध का स्वरूप यह है कि तथ्य के बदलाव में ही मूल्य

निहित है। मूल्य का कोई स्थायी आयाम या स्रोत नहीं है। इससे अलग पैगन जगत में सार्विकता की सम्भावना जीवन के हर स्तर और कार्य में निहित है। वह इस पर निर्भर नहीं है कि आप कौन सी वस्तुओं का उपभोग कर रहे हैं। आधुनिकता और पैगन परम्परा में यह एक मूलभूत अन्तर है।

> बीसवीं शती के आरम्भ में दादू दयाल की परम्परा में एक विचारक हुए हैं, साधु निश्चलदास। उनकी पुस्तक का नाम है, 'विचार सागर।' वे उसमें इस बात पर विचार करते हैं कि आनन्द कहाँ है? वे समझाते हैं कि आनन्द वस्तुओं में नहीं, कहीं और है। वे कहते हैं कि जब बुद्धि आत्मविमुख होती है, उसमें चंचलता रहती है। इस कारण उसमें विषय की आकांक्षा होती है (विषय को आप वस्तु कह लीजिए) चंचल बुद्धि में आत्म का प्रतिबिम्ब बन नहीं पाता। पर इच्छित वस्तु को पाकर क्षणभर के लिए बुद्धि की चंचलता शान्त हो जाती है और उसमें आत्म का बिम्ब बन जाता है और यही आनन्द का कारण है इसलिए देखा जाये तो विषय आनन्द का कारण नहीं है। अगर आनन्द वस्तु में होता तो एक ही वस्तु के दो बार मिलने पर एक-सा आनन्द होना चाहिए। वह होता नहीं। मैं यह कहना चाह रहा हूँ कि पैगन समाजों में आधुनिक भोगवादी सभ्यता की ऐसी कई आलोचनाएँ पहले से ही उपस्थित रही हैं जो गाँधी जी की आलोचना से भिन्न हैं।

एक तरह से आधुनिक कल्पना में इसकी पहचान है कि सुख एक विशेष वस्तु में नहीं, वस्तु विशेष में है। अपार वस्तुओं की सम्भावना में सुख है। ऐतिहासिक प्रक्रिया द्वारा इसी प्राचुर्य की तरफ़ जाया जाता है। इस प्रक्रिया की कोई सीमा नहीं। यहाँ एक टेढ़े रास्ते से असीम में आनन्द की स्वीकृति है। पर असीम की पहचान और प्रमाण सीमित वस्तुओं में है। आधुनिक प्रक्रिया सीमित वस्तुओं को असीम बनाने की है। इसी में सार्विकता का वास है। इसी में आनन्द है, सन्तोष है।

> इसमें यह बात ध्यान देने की है कि पैगन दृष्टि में अनन्त या असीम की अवधारणा कुछ इस तरह है कि वह हर क्षण उपलब्ध है लेकिन आधुनिक कल्पना में, जैसा कि आपके विचारों से प्रकट हो रहा है,

अनन्त या असीम केवल सम्भावना के रूप में उपलब्ध रहता हैं।

आधुनिक दृष्टि में यह प्रयास है कि अनन्त की उपलब्धि की प्रामाणिकता के लिए ठोस वास्तविकता होना चाहिए। इस ठोस वास्तविकता की खोज आधुनिकता ने की और इसमें बेहतरी लाने की निरन्तर चेष्टा की। जबकि पैगन परम्पराओं में 'असीम' बोध के स्तर पर जीवन्त रहता है, उसका वास्तविक स्वरूप कुछ भी हो सकता है और कुछ नहीं भी हो सकता है। इन दोनों के बीच बुनियादी अन्तर है। दूसरी बात यह है कि आधुनिक कल्पना की आकांक्षा और दावा यह है कि मानव इतिहास में मनुष्य चीज़ों का मानक है। मनुष्य के अनुसार ही चीज़ें बनेंगी, जो उसकी इच्छा हो, जो उसकी आवश्यकता हो, जो उसे अच्छा लगे, जिसकी उसे चाहत हो, उसे मनुष्य को हासिल कर सकना चाहिए, आज नहीं तो कल। इस प्रक्रिया से जिस वास्तविकता ने आकार लिया है, उसमें वस्तुएँ ही जीवन का मानक बन गयी हैं। यह बिल्कुल ही विपरीत दिशा में परिणत हुई घटना है। मनुष्य को वस्तु का मानक बनाने की प्रक्रिया का परिणाम वस्तु का मनुष्य के लिए मानक बन जाने में हुआ है। यहाँ एक ऐसे यथार्थ की रचना हुई है जिसका मानक वस्तु हैं। इसलिए आपके मानवीय मूल्य इस बात से निर्धारित होने लगे हैं कि आपके पास क्या-कैसी वस्तुएँ हैं। यह निर्धारण केवल व्यक्ति के लिए नहीं, पूरे समाज के लिए हो गया है। समाज क मूल्यांकन अब इस बात से होता है कि वह किस स्तर की वस्तुएँ या उपकरणों का उपयोग करता है।

समृद्धि मनुष्य में हमेशा से ही चाहना के रूप में रही आयी है। पर समृद्धि की धारणा कभी भी सभी के लिए एक-सी नहीं रही। इस दृष्टि से क्या यह कहा जा सकता है कि पैगन समाजों के समृद्धि बोध और आधुनिक समृद्धि बोध में कुछ मूलभूत अन्तर आया है। अगर हाँ, तो आप इस अन्तर को किस तरह देखते हैं? यह कहना तो शायद ग़लत होगा कि आधुनिकता से पहले कभी समृद्धि थी ही नहीं, पर इतना तो कहा ही जा सकता है कि वहाँ दूसरी तरह की समृद्धि थी। ऐसा कोई समय नहीं है जब समृद्धि की स्वीकृति और चाहना और प्राप्ति न रहे हों। पर समृद्धि की धारणा में कोई मूलभूत अन्तर अवश्य आया है।

आधुनिक और पैगन को हम आधुनिक और पूर्व-आधुनिक कह सकते हैं। इस मामले में सामी परम्पराएँ आधुनिक परम्पराओं से बहुत भिन्न रही हैं और कई स्तरों पर आधुनिक और पैगन परम्पराओं में कुछ सांमजस्य भी है। आधुनिक परम्परा का यह एक अद्‌भुत दावा था कि यह इतिहास में पहली बार होगा जब पूरी मानव-जाति समृद्धि में जी सकेगी।

यहाँ समृद्धि का आशय वस्तुओं का अपार भण्डारण है...

हाँ, यहाँ वस्तुओं के ऐसे अपार भण्डारण की कल्पना है जो समय के साथ बढ़ता ही जायेगा और साथ ही वस्तुओं के गुणात्मक तत्त्व भी प्रखर होते जायेंगे। यानी सिर्फ़ वस्तुओं की संख्या में ही बढ़ोतरी नहीं होगी, ज़्यादा से ज़्यादा बेहतर वस्तुएँ वास्तविकता का अंग बनेंगी। ऐसा हुआ भी। इस कल्पना की पूर्ति के लिए दो-तीन चीज़ें बहुत ज़रूरी थीं। पहली आवागमन के साधनों का परिष्कार। एक जगह से दूसरी जगह जाने की गति में निरन्तर तेज़ी लाना और समूचे विश्व को आवागमन की व्यापक व्यवस्था में संयोजित कर देना। आवागमन की यह सार्विकता एकीकरण पर आधारित है। इसके पीछे यह विचार है कि पहले विश्व को एक किया जाये ताकि उसके आधार पर सार्विकता विकसित की जा सके।

पैगन दृष्टि में इस तरह के एकीकरण की कोई आकांक्षा नहीं थी। दूसरी बात यह है कि आधुनिकता में यह मान्यता है कि मूल्य का अर्जन मानव प्रयास से होता है। जैसे मार्क्स का अतिरिक्त मूल्य मानवीय श्रम से प्राप्त होता है। उदाहरण के लिए, अगर कोई एक लकड़ी का लट्‌ठा है, उसे काटा जाता है, तराशा जाता है, इस तरह मानवीय प्रयास से उसे जब एक रूप दिया जाता है, उसका एक मूल्य होता है। उसके और सामान्य प्राकृतिक स्थिति के मूल्य में बड़ा अन्तर होता है। यही अन्तर अतिरिक्त मूल्य है। यह अतिरिक्त मूल्य मानवीय श्रम से आता है। इस दृष्टि से सारे मूल्य मानव श्रम में निहित हैं। यह आधुनिकबोध सिर्फ़ मार्क्स तक सीमित नहीं था। मार्क्स ने तो सिर्फ़ इस विचार को एक बड़ी तीख़ी अभिव्यक्ति दी। आधुनिक कल्पना में इस विचार की यह अभिव्यक्ति इतनी सटीक थी कि उसका व्यापक होना स्वाभाविक था। यहाँ यह विचार है कि प्रकृति में कोई मूल्य निहित नहीं है। इसलिए पर्यावरण का प्रश्न बहुत देर से

उठ सका। मनुष्य जाति के कुछ श्रेष्ठ मस्तिष्क प्रगति के विचार और आधुनिकता पर एकाग्र रहे हैं लेकिन उन्हें भी यह पहचान नहीं थी कि मूल्य के स्रोत कहाँ हैं।

मनुष्य की अपनी उपस्थिति तो उसके श्रम की देन नहीं है। वह कहानी तो कहीं और से शुरू होती है। ऐसा विचार या कल्पना भी है कि एक दिन समूचा मानवीय जीवन मानवीय आवश्यकताओं के अनुसार ही तैयार किया जायेगा। अगर वहाँ तक भी हम पहुँच जाते हैं, तो भी हमें कोई शुरुआती बिन्दु तो चाहिए ही होगा। फिर वह कोशिका हो या जीन। तब प्रश्न यह है कि ये चीज़ें कहाँ से आती हैं? भौतिक सामग्री को मानवीय श्रम रूपान्तरित तो कर सकता है लेकिन वह उसे शून्य से सृजित नहीं कर सकता। मानवीय श्रम को इस शून्य की प्राप्ति हो ही नहीं सकती। जब आप यह कहते हैं कि मैंने 'कुछ नहीं' से 'कुछ' बना दिया तब आपको कुछ नहीं को कहीं तो अवस्थित करना होगा, पर वह असम्भव है। चूँकि वह असम्भावना है इसलिए मानवीय श्रम चाहे जितना शक्तिशाली या परिष्कृत क्यों न हो, शुरुआत के लिए 'कुछ' चाहिए, कुछ भौतिक सामग्री। यह सामग्री प्रदत्त हुआ करती है, इसे मानवीय श्रम रच नहीं सकता। और बिना उसके न मूल्य सम्भव है, न जीवन। इस विडम्बना का आधुनिक कल्पना में कोई दार्शनिक स्थान नहीं है।

आधुनिकता की अपार कशिश इस बात में है कि पहली बार यह दावा हुआ कि इस श्रम से जो अपार उपलब्धि की सम्भावना है, वह पूरे मानव जगत को प्राप्त हो सकती है। अगर हम सब कुछ ठीक से कर पाएँ तो समृद्ध मानव जीवन पूरी मानव जाति को प्राप्त हो सकता है। आश्चर्य की बात यह है कि इसी आधुनिक जगत में (जिसे शुरू हुए दो सौ बरस से अधिक नहीं बीते हैं) कोई भी यह नहीं कह सकता कि यह आधुनिक जगत पाँच सौ बरस चल सकेगा या हज़ार बरस। पचास-सौ साल से आगे की बात कोई नहीं करता। आधुनिकता में मूल्य के स्रोतों और आधार की दार्शनिक पहचान नहीं है। वह आधार भी 'अनन्त' होना चाहिए। अगर वह अनन्त नहीं है तब यह कल्पना बहुत समय तक नहीं चल सकती। अब यह कोई भी नहीं कह सकता कि असीम सम्भावना का भौतिक-वास्तविक आधार भी असीम है। आज पानी और हवा जैसे आधारभूत तत्त्वों के बारे में भी कोई यह दावा नहीं कर सकता कि वह हरेक को पर्याप्त मात्रा में उपलब्ध

कराये जा सकते हैं। पहले कम से कम हवा के लिए यह संकट नहीं था। कोई नहीं कह सकता कि हवा सबके लिए बराबर नहीं है। ऐसी कोई स्थिति मानव कल्पना में कभी नहीं रही। किसी विशेष परिस्थिति में जैसे कहीं आग लगी हो तब यह स्थिति आ सकती थी पर वह अलग बात है।

> आपने आधुनिक कल्पना के जो कुछ महत्त्वपूर्ण तत्त्व और दार्शनिक आधार स्पष्ट किये हैं, उसकी रोशनी में आधुनिक समाजों और आज भी पारम्परिक समाजों के सम्बन्ध का क्या स्वरूप बनता है? आपने अपनी पुस्तक 'ट्रायबल आइडेंटिटी एण्ड मॉडर्निटी' में चार्ल्स डार्विन के विकासवादी सिद्धान्त का ज़िक्र करते हुए कहा है कि आधुनिकता की अवधारणा में यह बात निहित है कि आदिवासी समाज समय रहते विनष्ट होकर रहेंगे। हम सिर्फ़ इस प्रक्रिया के साक्षी और उसके पूरे होने की प्रतीक्षा में हैं। लेकिन आज इन समाजों और आधुनिक चेतना-सम्पन्न समाजों के सम्बन्धों का क्या स्वरूप आप देखते हैं? इन सम्बन्धों में दोनों ओर किस तरह के ख़तरे या सम्भावना आपको नज़र आते हैं?

जिन्हें हम अँग्रेज़ी में 'प्रिमिटिव' समाज कहते हैं, उनका दार्शनिक सत्य क्या है, उनके स्वबोध में अस्तित्व का सत्य क्या है? उस अस्तित्वगत सत्य के सन्दर्भ में बात की जा सकती है और यह भी कि उसकी पहचान कैसे हो? आधुनिकबोध के धरातल से यह प्रश्न भी उठाया जा सकता है कि उनके अस्तित्व में कोई सत्य है भी या नहीं। एक दृष्टि से नहीं ही है। इसे पहचानने की दो आधुनिक विधाएँ हैं। एक है इतिहास की विधा, दूसरी नृत्तत्वशास्त्र। इतिहास की विधा का अपना इतिहास बहुत पुराना है। वह कम से कम दो हज़ार साल पुराना है। इस विधा की कई परम्पराएँ रही हैं। दो-तीन का नाम लेना उचित होगा : चीन की इतिहास लेखन परम्परा और उसी से जुड़ी इतिहास विश्लेषण-विमर्श की परम्परा, दूसरी यूनान और तीसरी रोम की इतिहास परमपरा रही है जिसे ईसाई धर्म के वर्चस्व के बाद विशेष दिशा, अभिव्यक्ति और स्थान मिला। ऐतिहासिक विमर्श की एक परम्परा इस्लाम में भी रही है। नृत्तत्वशास्त्र का इतिहास बहुत पुराना नहीं है। विधा के रूप में वह आधुनिक युग की उपज है। इन दोनों विधाओं के

दार्शनिक आधारों के बीच द्वन्द्व है।

इतिहास का दार्शनिक आधार यह है कि अर्थ, सन्दर्भ की उपज होता है। सन्दर्भ कई प्रकार के होते हैं और वे बदलते रहते हैं। बदलते हुए सन्दर्भ ही इतिहास की प्रक्रिया को इंगित करते हैं। इतिहास की प्रक्रिया को समझने के लिए बदलते सन्दर्भों की पहचान को ठोस और सुदृढ़ करने की चेष्टा करना अनिवार्य है। पर यह सवाल रहता है कि स्वयं सन्दर्भ किस धरातल की उपज हैं। अगर जीवन का समूचा अस्तित्व सन्दर्भ की देन है तो सन्दर्भ से परे जाने की क्षमता भी सन्दर्भ से ही आती होगी। यह कैसे सम्भव होता है। दूसरा प्रश्न यह है कि क्या सन्दर्भ की समझ सन्दर्भ के भीतर की ही उपज होती है? इन सारे प्रश्नों को थोड़ी देर के लिए छोड़ दें।

नृत्तत्वशास्त्र सन्दर्भ को नकारता नहीं, प्रगति को भी तिरस्कृत नहीं करता पर उसकी दृष्टि ऐसे तत्त्वों पर होती है जो बदलते सन्दर्भों के बीच छूट जाते हैं, जिनको हम जकड़ा हुआ या जड़ सन्दर्भ कह सकते हैं, 'फ्रोज़न कंटेक्स्ट' जो प्रगति की प्रक्रिया में पीछे छूट गया है। जिसका अर्थ वे तथ्य हैं जिन्हें कुछ विशेष सन्दर्भवश कुछ सामाजिक-ऐतिहासिक प्रक्रिया ने अनछुआ छोड़ दिया है। ध्यान योग्य यह है कि ये वे सन्दर्भ हैं जो आधुनिक प्रक्रिया के लिए कुछ मायने रखते हैं, जिनका आधुनिक परियोजना में कोई उपयोग सम्भव है। यहाँ मूल्य या अर्थवत्ता बदलते हुए सन्दर्भों की उपज नहीं बल्कि किन्हीं सन्दर्भों का स्थिर हो जाना है। स्थिर सन्दर्भों और उनसे उपजे तत्त्वों का महत्त्व सन्दर्भ से कहीं दूर तक जाता है, वह इतनी दूर तक जाता है कि आधुनिक जगत के लिए भी उसमें सोचने-समझने की चीज़ें होती हैं। इसका आधुनिक चिन्तन में कोई दार्शनिक आधार देना मुश्किल है। यह इस तरह मुश्किल है कि अगर अर्थ या अर्थवत्ता सन्दर्भ से उपजते हैं तो फ्रोज़न कंटेक्स्ट दीर्घकाल में किसी भी तरह के अर्थ का वहन कैसे कर सकते हैं। स्वयं लेवी स्ट्रॉस, जो प्रगति से इनकार नहीं करते थे, ने नृत्तत्वशास्त्र को विलम्बित अवसाद कहा है। इसका आशय यह है कि जब आदिवासी समाज लगभग नष्टप्राय हैं, उन्हें एक क़िस्म की गरिमा से मण्डित करने का प्रयास नृत्तत्वशास्त्र करता है। विडम्बना यह है कि गरिमा देने का यह कार्य वही आधुनिक समाज नृत्तत्वशास्त्र के सहारे किया करता है, स्वयं जिसके कारण ये समाज नष्ट होने की कगार पर आ खड़े हुए हैं। इस चीज़ को कैसे समझा जाये कि

आदिवासी समाजों जैसी जकड़ी हुई वास्तविकताओं में ऐसे कुछ तत्त्व हैं जिनका अर्थ आधुनिक सन्दर्भों में भी होता है।

मैंने अबूझमाड़ के इलाक़े में नवें दशक में कई बरसों काम किया है और उस पर लिखा भी है। उस इलाक़े में जीविकोपार्जन का माध्यम ब्यौहार खेती (जिसे अँग्रेज़ी में शिफ्टिंग स्वीडन कल्टीवेशन कहा जाता है) और शिकार था। ब्यौहार खेती के लिए आदिवासी इलाक़ों में कई शब्द प्रयुक्त होते हैं, उनमें सबसे लोकप्रिय 'झूम' है। अबूझमाड़ के इलाक़े में उसे पेंदा कहते हैं। उसी से मिलता जुलता शब्द, 'पौदु' उससे लगे हुए उड़ीसा के इलाक़े में प्रयुक्त में आता है। पेंदा हमेशा पहाड़ की ढलान पर होता है। पेंदा के विषय में आधुनिकबोध में यह मान्यता है कि यह अत्यन्त विनष्टकारी है। पिछले दो सौ बरस में इसे ख़त्म करने के अनेक प्रयास होते रहे हैं। अस्सी के दशक में अबूझमाड़ ऐसे बहुत थोड़े से बच रहे इलाक़ों में रहा होगा जहाँ पेंदा अपने लगभग शुद्ध रूप में व्यवहृत होता था। बाक़ी जगह जो ब्यौहार खेती झूम के नाम से की जाती थी, वहाँ ऐसा शुद्ध रूप नहीं बचा था। ध्यान दें, पेंदा ढलान पर हुआ करता है। ढलान पर खेती की मुख्यत: दो विधाएँ रही हैं, ब्यौहार और टैरिस कल्टीवेशन। ये विधाएँ, तरीक़े भारत में ही नहीं, पूरी दुनिया में प्रयुक्त होती थीं।

ब्यौहार खेती को यूरोप में 'स्लेश एण्ड बर्न' खेती कहा जाता है। यूरोप के उत्तरी भाग जिसे आज फिनलैण्ड के नाम से जाना जाता है, और अन्य बॉल्टिक क्षेत्र के कुछ हिस्से हैं, वहाँ स्लेश एण्ड बर्न आज से हज़ार साल पहले तक व्यापक रूप से किया जाता था। फिनलैण्ड में वह अठारहवीं शताब्दी और उन्नीसवीं शताब्दी की शुरुआत तक कहीं-कहीं बचा रहा। ढलान पर पेंदा करने के दो ढंग रहे हैं, सीढ़ीदार खेती और शिफ्टिंग खेती। सीढ़ीदार खेती में ढलान के कुछ हिस्सों को समतल बनाया जाता था। ढलान पर छोटे-छोटे समतल टुकड़े खेती के लिए तैयार किये जाते थे। शिफ्टिंग खेती में ढलान को जैसे का तैसा रखा जाता था। जिस हिस्से में खेती करनी हो उस हिस्से के जंगल को काटा जाता था। कटी हुई लकड़ी को वहीं छोड़ दिया जाता था। बड़े-बड़े पेड़ों के खूँटों को निकालने की कोई कोशिश नहीं की जाती थी, उन्हें वहीं छोड़ दिया जाता था। जब लकड़ी-पत्ते सूख जाते उनमें आग लगा दी जाती है। इसीलिए इस खेती को यूरोप में स्लेश एण्ड बर्न खेती कहा गया। उसकी राख की तह में बीज डाले जाते थे, बारिश के बाद

जब वह बीज पनपता था, राख खाद का काम करती थी। फसल काटने के बाद खेती के लिए साफ़ किये जंगल के टुकड़े को फिर से जंगल बनने की अपनी गति में छोड़ दिया जाता है। आठ-दस साल बाद अगर आप एकाध किलोमीटर की दूरी से उस साफ़ किये हिस्से को देखते तो आप पाते कि वह बाक़ी जंगल से एकाकार हो गया है।

दूसरी बात यह है कि इन खेतों में एक से अधिक फसल एक साथ बोयी जाती थीं। केवल इतना ध्यान रखा जाता था कि एक समय पर पकने वाली फसलें न लगायी जायें, या जब वे पकने पर आयें, उनकी ऊँचाई में फ़र्क़ हो ताकि दोनों की कटाई अलग-अलग हो सके। तीसरी बात यह थी कि इन खेतों से खरपतवार नहीं हटाये जाते थे, उनमें 'वीडिंग' नहीं की जाती थी। उनमें खाद भी नहीं डाली जाती थी। कोई सिंचाई नहीं की जाती थी, जितना पानी पड़ा उसमें जितना अनाज होना है, होता। इससे दो-तीन चीज़ें होती थीं : पहली यह कि इस क़िस्म की खेती में अनाज की वे ही क़िस्में बची रह सकती थीं जिन्हें अधिक देखरेख की आवश्यकता न पड़ती हो। इस क़िस्म की खेती में मानवीय हस्तक्षेप न्यूनतम होता था। मनुष्य की भूमिका केवल बीज बोने, फसल काटने और जंगली जानवरों से उसकी रक्षा करने तक सीमित थी। वे खेत एक मायने में जंगल की तरह ही होते थे। हम यह कह सकते हैं कि वे जंगल का ही एक रूप थे। उनमें एक बार में तीन-चार फसलें बो दी जाती थीं और वे एक-दूसरे से संघर्ष करते हुए पनपती थीं। इसीलिए अगर बीजों में अपनी ताक़त न हो, वे बचते नहीं थे। इस दृष्टि से वहाँ बीज बहुत शक्तिसम्पन्न हुआ करते थे। उनमें कीड़े आदि नहीं लगते थे और फसलें पूरी तरह कभी भी विफल नहीं होती थी, उतार-चढ़ाव अवश्य होते थे। कभी बारिश ठीक आयी तो फसल अधिक, कभी कम आयी तो कम। इसलिए ब्यौहार खेती के इलाक़ों में अकाल कभी नहीं पड़ता था। यह एक पुष्ट ऐतिहासिक तथ्य है। ब्यौहार खेती के इलाक़ों में उन्नीसवीं शताब्दी तक अकाल पड़ने का कोई साक्ष्य नहीं है। यह खेती मानवीय उपक्रम के सहारे वन की मानव-रचना का प्रयास है, वन का वामन-सृजन। इसका दार्शनिक आशय यह है कि मानवीय उद्यम के लिए भी यह सम्भव हो सकना चाहिए कि वह प्रकृति की ही तरह हमेशा ही जारी रह सके। यह एक चरम अलगाव में रह रहे समाज की गहनतम अनुभूत सार्विकता (यूनिवर्सेलिटी) की अभिव्यक्ति है।

हर सम्भव सावधानी बरती जाती थी जिससे मनुष्य प्रकृति पटल पर अपने पद-चिन्ह कम से कम छोड़े। प्रयास यह होता था कि मानव की उपस्थिति के चिन्ह इतने हल्के हों कि कुछेक वर्षों में ही पुँछ जायें। लेकिन जब मनुष्य की उपस्थिति के चिन्ह इतने हल्के होते हैं, सभ्यता का निर्माण नहीं हो पाता। यह नहीं कि वे लोग असभ्य रहे हों पर यह अवश्य है कि उनकी सभ्यता के प्रमाण और तत्त्व नितान्त अलग ढंग से अवस्थित और संरचित किये जाते थे। इसलिए हम जो सभ्यता की दैनिक क्रिया और स्थान के सम्बन्ध की बात कर रहे थे, वह यहाँ केवल प्रतीकात्मक हो सकती है। उसका ऐतिहासिक रेखांकन नहीं हो सकता। आप यह कह सकते हैं कि इस पहाड़ी पर 'पेंदा' होता है या इस इलाक़े में, या यह भूमि हमारी है लेकिन इलाक़े में किस विशेष स्थान पर कोई विशेष दैनिक कर्म होता है, यह इंगित करना सम्भव नहीं हो पाता। इन समाजों में विशेष स्थानों की पहचान प्रतीकात्मक होती है। उनके इष्टदेव का कोई स्थान होगा लेकिन दैनन्दिन जीवन में स्थान की कोई विशिष्ट स्मृति वहाँ नहीं होती। उनकी उपासना के लिए कोई भी नदी उपयुक्त हो सकती थी, कोई भी पर्वत या कोई भी स्थल। उनकी कोई विशिष्ट पहचान नहीं होती थी...

> उन्हें रेखांकित नहीं किया जा सकता...

मैं यहाँ यह कहना चाहता हूँ कि जिस 'ब्यौहार' खेती को, सबसे पिछड़ी जीवन शैली कहा जाता है, उसमें भी सार्विकता का दार्शनिक आधार निहित है। यह पैगन सार्विकता का एक गहन प्रमाण है। हम इसे गहन अर्थ में नित्य सनातन पैगन सार्विकता के प्रमाण कह सकते हैं।

> हम आधुनिक समाज और आदिवासी कहे जाने वाले समाजों के सम्बन्ध के बारे में बात कर रहे थे...

आधुनिक समाज का जैसे ही विस्तार होना शुरू होता है, आदिवासी कहे जाने वाले समाजों की अपनी प्रक्रियाओं के लिए संकट उत्पन्न हो जाता है। संकट का पहला स्रोत यह है कि आधुनिक जगत को यह लगता है कि वहाँ बहुत कुछ ग़लत हो रहा है और उसे समाप्त करना चाहिए। आधुनिक जगत हर चीज़ को, हर प्रकार के मानव या प्राणी अस्तित्व को अपनी

निर्मिति का ही अंग बनाना चाहता है। आधुनिक दृष्टि में उसकी संरचना और उसकी अर्थ-गुण की कल्पना के बाहर किसी भी चीज़ के जीवित रहने का कोई प्रयोजन हो ही नहीं सकता।

लेकिन मैं इसके अलावा संकट के दूसरे स्रोत की बात करना चाहता हूँ। आधुनिक समाज के सम्पर्क की छाया में आदिवासी समाज की अपने अस्तित्व के मूल आधार पर से आस्था ख़त्म होती जाती है। आधुनिक जगत की कशिश इन समाजों में भी बहुत गहरी हो गयी है। आधुनिक जगत की उपलब्धियों के प्रति उनमें भी गहरी कशिश है। एक बार जब यह कशिश उत्पन्न हो जाती है, उनकी अपने समाज के आधारों के प्रति आस्था ध्वस्त हो जाती है, अपने समाज के मूल्यों के प्रति विश्वास खण्डित हो जाता है। अपने स्वरूप की चाहना समाप्त नहीं होती, वह अतीत व्यामोह की तरह बची रहती है, पर उसमें उनकी आस्था समाप्त हो जाती है। सबसे गहन और कठिन संकट इसी से पैदा होता है। जब वे आधुनिक समाज के घेरे में आते हैं, उनका सम्बन्ध या कहें, उनके लिए आधुनिक जीवन में स्थान आधुनिक कौशल के निम्नतम स्तर से ही बन पाता है। आदिवासी समाजों को यदि आधुनिक कौशल को अपनाना है, तो इन्हें अपने कौशलों को तो छोड़ना ही होगा, इसके अलावा कोई विकल्प नहीं है। इसलिए वे आधुनिक बाज़ार में कौशलविहीन व्यक्ति की तरह प्रवेश करते हैं जो आधुनिकों के लिए कुछ अनोखे-से लगते मनुष्य होते हैं।

अजीब बात है कि वैचित्र्य मूल्य के कारण ही आधुनिक मानस उनमें कुछ टेढ़ी-सी रुचि लेता है। उदाहरण के लिए, लोग उनके संगीत में रुचि लेने लगते हैं और इस तरह वह संगीत जीवन्त हो जाता है। कुछ अधिक संवेदनशील लोग उनमें कहीं अधिक गहरायी से रुचि लेने लगते हैं। लेकिन वह आधुनिक जगत के हाशिये की संवेदनशीलता है जिसका आधुनिकता पर विशेष बल नहीं है। इन दोनों समाजों के बीच के सम्बन्ध के ढाँचे का निर्धारण आधुनिक जगत की प्राकृतिक संसाधनों की ज़रूरतें हैं, जो इन आदिवासी समाजों से सम्बन्धित इलाक़े उपलब्ध कराने में सक्षम होते हैं। आधुनिक दुनिया आदिवासी समाजों के प्रति हिकारत भी रखती है, सहानुभूति भी, दया भी। लेकिन उस अस्तित्व में निहित गहन और नित्य सत्य की पहचान और स्वीकार आधुनिकता में नहीं है। वहाँ उन समाजों के प्रति गहरी सहानुभूति हो सकती है, दया भी, लेकिन उन समाजों में निहित गहन सत्य

जो उन्हें सौन्दर्य प्रदान करता है, उसकी यहाँ न पहचान है, न स्वीकार। अगर आप इस सम्बन्ध को आदिवासी जगत के भीतर से देखें तो आप पायेंगे कि वहाँ आधुनिकता के प्रति सम्मोहन है, उसके प्रति गहरा आकर्षण है, उसके प्रति रोष है, भय भी है लेकिन वहाँ भी स्वयं अपने अस्तित्व में निहित जो सत्य है, उनकी पहचान क्षीण हो रही है। प्राय: विलुप्त हो चुकी है। कहीं-कहीं वह अवशेष के रूप में जीवित बची हुई है।

आदिवासी अस्तित्व में निहित सत्य की पहचान और स्वीकार न तो उन समाजों के बाहर है और न ही उनके भीतर ही। इस पहचान और स्वीकार का धरातल अब केवल आदिवासी समाजों के भीतर से आ भी नहीं सकता। वह तभी आ सकता है जब बाहरी और भीतरी तत्त्वों के बीच संवाद हो। इसी संवाद से ही अब उस धरातल के बनने की कोई उम्मीद है। पर इस संवाद को बनाने की सम्भावना बहुत क्षीण और बिखरी हुई है। उसका पारिभाषिक सन्दर्भ शोषण विवेचन एवं शोषण प्रतिरोध संरचना से अधिक कुछ नहीं है। लेकिन अकाट्य विडम्बना तो यह है कि आदिवासी समाजों में अपने सत्य की पहचान नहीं है। सहानुभूति की दृष्टि से इन समाजों का अध्ययन अधिक से अधिक शोषण की राजनीति की सैद्धान्तिकी बनाने में होता है। लेकिन इस राजनीति और सिद्धान्त की आकांक्षा अधिक शुद्ध और निर्दोष आधुनिकता की प्राप्ति ही है। चेष्टा यह है कि आदिवासी समाज भी आधुनिकता में किसी हद तक बराबरी के साथ शामिल हो सकें।

> फिर उनके जीवन जीने और सौन्दर्य के दार्शनिक आधार या सत्य छूटते हों तो छूट जायें...बल्कि इस राजनीति और सिद्धान्त का आशय यह है कि ये आधार जब तक छूटते नहीं हैं तब तक वे आधुनिक संसार में समान दर्जा पाने में सफल नहीं हो पायेंगे।

आपका कहना सही है, यहाँ आधुनिक परिवेश के प्रति इतनी गहरी आस्था है कि यहाँ उन समाजों के सत्य को पहचानने की दीर्घ दृष्टि और स्वीकारने के धैर्य का कोई अवकाश नहीं है।

> अब हम अपने उस प्रश्न पर लौटें जो हम काफ़ी देर से स्थगित करते आ रहे हैं। आपने चीन की बात करते हुए यह कहा था कि वहाँ

दैनिक कर्म और दैनिक क्रिया, दर्शन और स्थान संयुक्त हैं, या कहें अन्तर्सम्बन्धित हैं। इसी से, आपने कहा था, सभ्यता का निर्माण होता है। भारत में यह सम्बन्ध सांकेतिक रहा है। यहाँ मैं प्रसिद्ध दार्शनिक और हमारे मित्र रामचन्द्र गाँधी का एक विचार याद करना चाहता हूँ। उन्होंने लिखा है कि भारत में हम लोग अपने दैनन्दिन जीवन में अपने एक विशिष्ट सभ्यता के सदस्य होने के बोध की तीव्रता में नहीं रहते। हमारे दैनन्दिन व्यवहार में अपने इस सहकार की स्मृति प्रबल नहीं है जैसी कि यूरोप में या चीन में है। रामचन्द्र गाँधी के इस प्रश्न का उत्तर मुझे आपके वक्तव्य में दिखायी दे रहा था। भारत एक सभ्यता है इसमें कोई शक नहीं। पर उसके चीन जितने आत्मचेतस न हो पाने के कारण पर आप प्रकाश डालें। या कि आपकी दृष्टि में यह बात सिरे से ही ग़लत है।

रामचन्द्र गाँधी की विचार शैली हमारे और हमारी सभ्यता के अस्तित्व के गहनतम धरातल को आलोकित करती है। सभ्यता के चिन्ह और बिम्ब सभ्यता के भावबोध को लक्षित भी करते हैं, ऊर्जस्वित भी करते हैं और उसे क्रियाशील भी करते हैं। मैं यह प्रश्न उठाना चाहता हूँ कि यूरोप, भारत और चीन में स्थान विशेष और उसकी प्रतीकात्मकता के रूप और स्तर किस तरह से भिन्न हैं? नृतत्वशास्त्र में दो शब्दों का प्रयोग होता है : संस्कृति और सभ्यता। संस्कृति का पुरातत्वशास्त्र नहीं होता। संस्कृतियों में अपने अवशेष छोड़ने की सम्भावना बेहद अलग स्तर की होती है। वहाँ कारीगरी का महत्त्व होता है, स्थल का नहीं होता। वहाँ स्थल का महत्त्व केवल प्रतीकात्मक होता है। वहाँ इष्ट या आराध्य की कल्पना, अनन्त के बोध और अभिव्यक्ति से जुड़े कुछ स्थल अवश्य होते हैं। वह कोई पर्वत हो सकता है, नदी हो सकती है, कोई विशेष स्थल भी हो सकता है। इस दृष्टि से भारत की सभ्यता का विशेष स्थान है। यह एक ऐसी सभ्यता है जिसका साभ्यतिक ढाँचा अपेक्षाकृत कमज़ोर है। सभ्यता के जो भी लक्षण माने जाते हैं, वे सब यहाँ हैं भी और बहुत पुष्ट भी नहीं है। उनकी तात्त्विकता यूरोप और चीन की तुलना में कमज़ोर क़िस्म की है। हमारे पास नगरों का इतिहास है जो काफ़ी पीछे तक जाता है। पर उसमें एक बड़ा अन्तराल है। सिन्धु घाटी के बहुत बाद में नगरों का इतिहास क़रीब बुद्ध के काल से शुरू होता है, बल्कि बुद्ध के काल के कुछ बाद।

सभ्यता के विचार का प्रस्थान बिन्दु नगर है। सभ्यता की कल्पना और उपक्रम के विचार का केन्द्र नगर होता है। आप नगर के बिना सभ्यता की कल्पना नहीं कर सकते। संस्कृति के लिए नगर का होना या न होना बहुत महत्त्व का नहीं है। उसमें गाँव की उपस्थिति हो सकती है, नहीं भी हो सकती है। संस्कृति के लिए विशेष कार्यों के निमित्त विशेष स्थलों की पहचान आवश्यक नहीं है। उसके लिए कुछ प्रतीकात्मक स्थल पर्याप्त हैं। ये प्रतीकात्मक स्थल मानवीय उपक्रमों के सहारे निर्मित नहीं हुए होते। वे मानवीय स्मृति में अपना स्थान अवश्य बनाते हैं और उसकी आभा गहन ही नहीं दिव्य हो सकती है, जैसे–मानसरोवर और केदारनाथ। उनमें शक्ति का नियोजन मानवीय सम्बन्धों की निरन्तरता से होता है और इन सम्बन्धों के स्वरूप में सशक्त नैरन्तर्य होना आवश्यक है। बिना उसके इन स्थलों में अनुगूँजें नहीं व्यापतीं। अगर हम रोमन सभ्यता को देखें या हम प्राचीन मिस्र या बेबिलोनिया की सभ्यता को देखें तो हम पायेंगे कि वहाँ विचार और ध्यान के केन्द्र कुछ महान् नगर हैं जैसे रोम या एथेन्स या स्पॉर्टा या निनवेह। लेकिन जब आप भारतीय सभ्यता के विषय में सोचते हैं तो यह नगर बनारस हो सकता है पर, यहाँ का पारिभाषिक तत्त्व वे नदियाँ हैं, मानसरोवर हैं, या कुछ तपोवन हो सकते हैं जिनका केन्द्रीय स्थल सम्भवतः हमेशा ही अनिर्धारित बना रहेगा। इसलिए वे एक तरह के रूपकात्मक काल्पनिक स्थल बने रहते हैं और इस अर्थ में वे अनिवार्यतः सांस्कृतिक स्थल हैं। यहाँ इलाक़ों की पहचान है, भूगोल की पहचान है कुछ प्रतीकात्मक स्थलों की भी। लेकिन यहाँ की कल्पना के केन्द्र में कोई नगर नहीं। अगर हम इस आधार पर देखें तो भारतीय सभ्यता का सभ्यता होने का दावा कुछ अनिश्चित-सा हो जायेगा।

भारत में मानवीय बसाहट का बहुत लम्बा इतिहास है, यह पचास हज़ार साल से ऊपर, सम्भवतः एक लाख वर्ष छूता हुआ है। लेकिन तब भी इस नैरन्तर्य का इस सभ्यता की कल्पना में केन्द्रीय स्थान नहीं है। इसलिए इसमें सम्प्रेषण के मुख्य साधन कुछ सांस्कृतिक प्रतीक और कुछ मानक सांस्कृतिक ढाँचे ही हैं। इन मानकों का चरित्र काफ़ी सार्वभौमिक है। इनमें एक व्यापक भू-भाग जिसे भारतीय महाद्वीप कहा जाता है, की चेतना है। यह विलक्षण है। यह कल्पना के उस स्थलों से नितान्त भिन्न है जिसे हम रोमन या यूनानी सभ्यता के सन्दर्भ में देख सकते हैं। आज हम जिसे

यूरोप कहते हैं, उसका यूनानी लोग कोई अर्थ अपनी सभ्यता के विचार के सन्दर्भ में नहीं देख पायेंगे। न ही रोमन लोग। वह यूनान जो आज के यूरोप के स्रोतों में एक है, उसे आज बमुश्किल ही यूरोप करार किया गया। प्राचीन मिस्र की सभ्यता चार हज़ार बरस तक जीवित रही आयी जो सभ्यताओं के इतिहास में बहुत बड़ी अवधि है। अपनी निरन्तरता के सन्दर्भ में यह चीनी सभ्यता से, यूरोप से या कि भारतीय सभ्यता से भी कहीं अधिक सुदीर्घ रही है। लेकिन उसकी भौगोलिक सीमाएँ भारत की तुलना में कहीं अधिक संक्षिप्त थीं। भारतीय सभ्यता की कल्पना के मूल में मानकों का एक ऐसा ढाँचा है जो बेहद व्यापक क्षेत्र में फैले विभिन्न समुदायों के अन्तर्सम्बन्धों और क्रियाशीलता को सम्भव करता है। यह व्यापकता सिर्फ़ चीन से तुलनीय है। इस व्यापक क्षेत्र की सीमाएँ भले ही धुँधला गयी हों लेकिन उसके मर्म, अगर उसे यह कहा जा सके, का नैरन्तर्य अभी भी बाक़ी है। भारत को जो चीज़ एक सभ्यता बनाती है, वह इन मानकों और सांस्कृतिक परिकल्पना की ऐसी तात्विक उपस्थिति है जो इस व्यापक महाद्वीपीय अवकाश में व्यक्तियों के छोटे या बड़े कर्मों के सन्दर्भ के रूप में क्रियाशील है और यह सब बिना किसी नागर केन्द्रों के और बिना किसी एकनिष्ठ प्रभुता के।

सभ्यता के इतिहास में, फिर वह प्राचीन मिस्र हो या चीन या प्राचीन यूनान, सभ्यता की सम्भावना बिना परमसत्ता के नहीं है। भारतीय सभ्यता इस सन्दर्भ में भिन्न है। यहाँ सभ्यताबोध बहुत गहरे धरातल पर अवस्थित है। लेकिन तब भी राजनैतिक परमसत्ता और साभ्यतिक एकता के विचार एक-दूसरे में गुँथे हुए नहीं हैं। मेरे ख़याल से राजनैतिक परमसत्ता और साभ्यतिक एकता के अलग होने के कारण ही यहाँ के जीवन की हर रोज़मर्रा चीज़ में स्थल और प्रतीकात्मकता एक-दूसरे के निकट आ जाते हैं। इसके दो परिणाम होते हैं : पहला परिणाम यह है कि सांस्कृतिक रूपाकारों के सम्प्रेषण के पुनर्सृजन, कथन और पुनर्कथन की सम्भावना विविध सन्दर्भ और स्तरों पर निरन्तर चरितार्थ होती हैं। इसीलिए जब मोनियर विलियम्स उन्नीसवीं शती के उत्तरार्ध में संस्कृत शब्दकोश तैयार कर रहे थे, उन्हें दर्शन और भाषाशास्त्र के कुछ सूक्ष्मतम बिन्दुओं को आलोकित करने सुदूर ग्रामीण इलाक़ों में जाना पड़ा, और ऐसे लोगों से मिलना पड़ा जिन्होंने अपने जीवनकाल में बहुत कम यात्राएँ की थीं।

इसीलिए हमारे देश के लोग संगीत, लोक स्थापत्य और कारीगरी दक्षिण पूर्व एशिया के देशों के अलावा किसी भी अन्य देश की तुलना में कहीं अधिक जीवन्त और ऊर्जस्वित बने हुए हैं। पर ऐसा कुछ चीन में नहीं है। चीन में सांस्कृतिक क्रान्ति के दौरान जब वहाँ के शासक लोक कलाओं को प्रोत्साहन देना चाहते थे, पीकिंग से परिकल्पक और डिज़ाइनर आदि देशभर में जाया करते थे। यह लोक संस्कृति की निहायत बेहूदा कल्पना है। लोकप्रिय (पॉपुलर) संस्कृति के विषय में यह बात ठीक हो सकती है। लोकप्रिय संस्कृति केन्द्र से परिधि की ओर फैलती है, और इस फैलने में एक विशिष्ट लय इख़्तियार कर लेती है।

जो लोक संस्कृति के कारण होता है...

हाँ, जो लोक संस्कृति के कारण होता है। लोकप्रिय संस्कृति के भीतर सृजन की कोई आकांक्षा और ऊर्जा का अवकाश नहीं होता। उसमें जो भी ऊर्जा होती है, वह भी लोक संस्कृति से या सही रेखांकन करना हो तो हम कहें कि लोक संस्कृति के अनायास बचे अवशेषों से आती है। इस अर्थ में यह कहा जा सकता है कि लोक संस्कृति कभी भी पूरी तरह लुप्त नहीं होती। इस सन्दर्भ में अफ़्रीकी संस्कृति की अमरीका में नियति पर ग़ौर करें। अफ़्रीका वासियों से उनका सब कुछ छिन गया : उनकी भाषा, स्मृति, अतीत की समस्त मान्यताएँ। लेकिन नितान्त विक्षिप्त स्थिति में भी उनके मूल समाज और स्मृति से उपजी संगीत और नृत्य की लय आज भी वहाँ की लोकप्रिय संस्कृति को ऊर्जस्वित करती है। उसी तरह भाषा कभी पूरी तरह लुप्त नहीं हो सकती। भाषा को भी किसी केन्द्र में या किसी संस्थान में संकुचित नहीं किया जा सकता। हमारी सभ्यता के सन्दर्भ में दूसरी बात यह है कि हमारे यहाँ तकनीक के स्तर पर कारीगरी की गतिशीलता कम रही है। हमारे औज़ारों में दो हज़ार सालों में बहुत कम तब्दीली आयी है। चीन की तुलना में यह जड़ता कहीं अधिक है।

एक बहुत बड़ी परम्परा हमारे यहाँ उन्नीसवीं शताब्दी के अन्त तक जीवित थी। उसके कुछ अवशेष बीसवीं शताब्दी में भी रहे। उसके अन्तिम चिन्ह मैंने सन् १९७९ में बस्तर के अबूझमाड़ इलाक़े में देखे थे। मैं अघड़िया परम्परा की बात कर रहा हूँ। अघड़िया लोहा बनाने वाले महान् कारीगर

थे। जो भी लोहे के उपकरण भारत के किसान और शहरी कारीगर उपयोग में लाते थे, उसके लिए अघड़िया इस्पात ढाला करते थे। अघड़िया आदिवासी समुदाय है। ये हमेशा से दूर-दराज़ के इलाक़ों में ही रहा करते थे। इलाक़ा जितना दूर-दराज़ का और बीहड़ होता अघड़ियाओं की दिनचर्या उतनी ही सहज चला करती थी। अपने समय की सबसे विकसित तकनीक का वहन और व्यवहृत करने वाला समुदाय वह था जिसे आदिम समुदाय कहने का रिवाज़ है। उनकी लोहा बनाने की तकनीक बहुत लम्बे समय तक अपरिवर्तित रही आयी। आपको भारत के हर इलाक़े में लोहा बनाने की यही तकनीक हर जगह, उत्तर, दक्षिण, पूर्व, पश्चिम में उन्नीसवीं शताब्दी के उत्तरार्ध तक मिलती है। इसे आप तकनीक का स्थायित्व भी कह सकते हैं। पर इसी स्थायित्व के भीतर से किन्हीं ख़ास परिस्थितियों में अद्भुत परिणाम निकल सकते हैं। उन्नीसवीं शताब्दी में जब भारत के बाज़ार में औद्योगिक लोहे का प्रवेश हुआ, अघड़ियों के लोहे ने उसे क़रीब पचास-साठ बरसों तक कड़ी चुनौती दी। वे यह इसलिए कर सके क्योंकि वे बहुत ऊँचे स्तर का लोहा बनाते थे। उनका बनाया लोहा कहीं अधिक जंगरोधक और लचीला हुआ करता था। यह लोहा औद्योगिक लोहे से अपनी प्रतिस्पर्धा में क़ीमत के कारण हार गया। इसकी उत्पादन लागत अपेक्षाकृत अधिक थी।

> किन्हीं इलाक़ों में उनके लोहा बनाने पर अँग्रेज़ों ने पाबन्दी भी लगायी थी।

एक तरह से। उन्हें वन क़ानूनों के सहारे एक ओर फेंक दिया गया था। वन क़ानूनों ने उनके कार्य को असम्भव कर दिया। फिर एक ऐसा समय आया जब उन्हें अपनी न्यूनतम जीविका हासिल करना भी मुश्किल हो गया और उन्होंने लोहा बनाना छोड़ दिया। मैंने १९७९ में उनकी एक अन्तिम भट्ठी देखी थी।

> मैंने मण्डला के अघड़ियाओं पर सुधांशु मिश्रा के साथ राष्ट्रीय मानव संग्रहालय के लिए, सम्भवत: आपकी ही सलाह पर एक फ़िल्म बनायी थी : मिथक-भंग। हमने उस फ़िल्म के लिए अघड़ियाओं से

एक भट्ठी भी बनवायी थी। पर आप अघड़ियाओं के विषय में कुछ और बोल रहे थे...

मध्य प्रदेश में सागर के पास एक झूलने वाला पुल बन रहा था। वहाँ अँग्रेज़ कलेक्टर थे पर वे समझदार व्यक्ति थे। उन्होंने यह पाया कि इतने भारी लोहे के शहतीर बम्बई या कलकत्ते से वहाँ लाना असम्भव होगा। यह भारत में रेलवे के बनने से पहले की बात है। उन्होंने अघड़ियों को बुलाया और कहा कि मुझे इस क़िस्म का लोहा चाहिए जिसमें इतनी ताक़त होना चाहिए और उसे इतना लम्बा होना चाहिए। क्या आप ऐसा लोहा बनाने की चुनौती स्वीकार करते हैं। अघड़ियाओं ने वैसा लोहा बनाया और झूलने वाला पुल बनकर तैयार हो गया और वह काफ़ी दिनों तक वहाँ रहा। उस कौशल में श्रेष्ठ परिणाम प्राप्त करने की क्षमता थी। जबकि उसकी टेक्नोलॉजी काफ़ी आदिम थी। उस तकनीक में काम करने वाले अघड़ियाओं में ऐसा विवेक और ऐसी हिम्मत थी कि वे इस क़िस्म की चुनौती को स्वीकार कर सके।

जिस समय भारत में रेलगाड़ियों के बनने पर बड़ी विराट बहस चल रही थी, उस समय अघड़ियाओं की परम्परा ख़त्म हो रही थी। मुझे इस बात पर बहुत विस्मय और दुःख है कि गाँधी समेत किसी ने इस बात पर ध्यान नहीं दिया। यहाँ टेक्नोलॉजी की तुलना में कौशल कहीं अधिक लचीला था। एक दी हुई टेक्नोलॉजी के भीतर कौशल नयी सम्भावनाएँ उद्घाटित करता रहा। यहाँ कौशल गतिशील रहा पर टेक्नोलॉजी अपेक्षाकृत स्थिर-सी बनी रही। प्रतीकात्मक रूपाकारों की दैनन्दिन जीवन में अनुपस्थिति का एक परिणाम यह होता है। प्रतीकात्मक स्थलों के अभाव का दूसरा परिणाम यह होता है कि जब ऐसी संस्कृति किसी नयी और अधिक शक्तिशाली उपस्थिति का सामना करती है तब उसके महान् और भव्य सांस्कृतिक रूपाकारों के मानकीय ढाँचे के भीतर इसके प्रतिरोध के संस्थापन का बहुत कम अवकाश होता है।

प्रतिरोध संस्थापन की निरन्तर घटती सम्भावना पर हमें गम्भीरता से सोचना होगा। स्वायत्तता और ऊर्जस्विता का संकेतन करते पारम्परिक रूपाकारों की व्यापक उपस्थिति उन्नीसवीं शती के अन्त तक बरकरार थी। लेकिन जब-जब प्रतिकूल परिस्थितियों की विवशता को चुनौती देने के लिए जब

बहुत बड़ी संख्या में लोगों को एकत्र होने की आवश्यकता पड़ती है तब जो रूपाकार उनके लिए उपलब्ध हो पाते हैं, वे केवल सांस्कृतिक प्रतीकात्मक रूपाकार ही होते हैं। वे प्रतीकात्मक रूपाकार बहसों के लिए ठीक थे, जैसे कुम्भ का मेला दयानन्द सरस्वती के समय तक सांस्कृतिक और राजनैतिक बहसों का स्थान हुआ करता था। लेकिन वे तमाम मुद्दों और प्रश्नों का समाधान करने के लिए एक नया संस्थागत ढाँचा उपलब्ध कराने की दृष्टि से पर्याप्त नहीं थे। जब यह स्थिति आयी, यहाँ ऐसे संस्थान का नितान्त अभाव रहा, जिसकी हमारी सभ्यता के भीतर कोई दीर्घ निरन्तरता रही हो।

> क्या इसका यह अर्थ है कि जब इस सभ्यता पर तुर्क या अँग्रेज़ों का आक्रमण हुआ तो वह उसे इसलिए सँभाल नहीं पायी क्योंकि इस संस्कृति की बुनावट में ही एक क़िस्म की वध्यता थी। इस संस्कृति में प्रतिरोध करने की सम्भावना इसलिए नहीं बन पायी क्योंकि इसके लिए इसके पास सांस्थानिक ढाँचा नहीं था। वे कुम्भ के मेले में बहस तो कर सकते थे पर सामूहिक कर्म के योग्य ऊर्जा नहीं जुटा सकते थे।

इस क़िस्म के कर्म को जारी रखने के लिए जैसी सांस्थानिक उपस्थिति की आवश्यकता होती है, वह यहाँ नहीं रही। संस्थान का सम्बन्ध स्थान से है। स्थान को दर्शन के साथ लाने की प्रक्रिया यहाँ नहीं रही।

> आपने कहा कि हमारे यहाँ टेक्नोलॉजी लम्बे समय तक एक-सी बनी रही है। अघड़ियाओं ने लोहा बनाने की एक टेक्नोलॉजी विकसित की थी। वह तकनीक उनके अपने समुदाय की उत्पत्ति कथा से जुड़ी हुई है। उनकी तकनीक ने केवल भौतिक स्थान में ही नहीं उनके कल्पना लोक में भी जगह बना ली थी। अब जो प्रश्न है उसका अलग-अलग समाजों ने सफलतापूर्वक सामना किया होगा, हम शायद नहीं कर पाये। प्रश्न यह है कि चूँकि तकनीक कल्पना लोक की भी सदस्य बन गयी होती है इसलिए उसमें परिवर्तन करने से स्वयं अपनी उत्पत्ति कथा में भी परिवर्तन लाने की आवश्यकता होती। मसलन, अघड़ियाओं की उत्पत्ति कथा कुछ यूँ है कि बारह अघड़िया भाई हुआ करते थे, वे एक लोहे के नगर में रहा करते थे जहाँ लोहे की

नदी बहा करती थी आदि। इस कथा से अघड़ियाओं के लोहा बनाने की तकनीक का बहुत गहरा सम्बन्ध था। यह हिन्दुस्तान में ज़्यादातर तकनीकों के साथ रहा होगा। मैं यह सोच रहा हूँ कि कहीं ऐसा तो नहीं कि प्रतीकात्मक कल्पना लोक और वास्तविक तकनीक के इस सम्बन्ध के कारण ही तकनीक में परिवर्तन को प्रतिरोध मिला हो।

प्रतिरोध नहीं हुआ, बल्कि उस परिवर्तन की आवश्यकता ही महसूस नहीं की गयी। पौराणिक स्व-सृजन के जिस बोध की आप बात कर रहे हैं, वह महत्त्वपूर्ण है। लेकिन उसके कारण नवाचार की सम्भावना बन्द नहीं हो जाती। सागर के निकट झूलने वाले पुल का उदाहरण मैंने आपको बताया ही है। अघड़ियाओं की एक पौराणिक कथा यह भी है कि जब जगत की सृष्टि हुई तब पृथ्वी पानी के अथाह सागर में पत्ते की तरह काँप रही थी। उसे स्थिर करने और विराट कील बनाने का काम पहले अघड़ियों ने किया था। जीवन को और सृष्टि को स्थिरता देने का काम पहले अघड़ियों ने किया था। आदिवासी समाजों के बीच भी उनकी स्थिति एक स्थिर अटूट दूरी की रही।

इस सभ्यता में प्रतिरोध को संस्थागत रूप दे पाने की अक्षमता के बीच आप गाँधी को कहाँ रखेंगे। इस देश में अँग्रेज़ों का प्रतिरोध बिखरा हुआ था और वह कोई संस्थागत रूप ले पाया हो ऐसा लगता नहीं है। इसकी इच्छा बहुत रही होगी लेकिन उस स्तर का कर्म यहाँ सम्भव नहीं हो पाया। लेकिन वैसा कुछ गाँधी के नेतृत्व में हो पाया। हमारी इस बातचीत के सन्दर्भ में आप गाँधी के आन्दोलन को कहाँ रखते हैं और कैसे देखते हैं।

गाँधी जी आधुनिक युग में ऐसे पहले व्यक्ति नहीं थे जिन्होंने यह प्रयास किया। लेकिन वे उस प्रयास को जो गहरा और व्यापक धरातल दे पाये, वह गुणात्मक रूप से भिन्न था। गोपालकृष्ण गोखले ने 'सरवेण्ट्स ऑफ़ इण्डिया' सोसायटी बनायी थी। उसके नाम में ही एक कहानी है, जो सेवा के विचार को परिष्कृत करती है। सेवा करना कोई आसान और मामूली आकांक्षा नहीं है। यहाँ परिवार के बिना रहने की बात है। हमारे यहाँ संन्यास की धारणा है पर संन्यास में भी परिवार का दख़ल हो जाता है। लेकिन फिर भी यहाँ या तो परिवार है या संन्यास है। यह एक ताक़त भी

है और अभिशाप भी, जिसे हम आज देख रहे हैं। आधुनिक युग के भारत में तीन व्यक्ति ऐसे हुए हैं जिनके कर्म और अभिव्यक्ति में भिन्नता होने के बावजूद एक विशेष आग्रह के सन्दर्भ में समानता रही है : सार्वजनिक क्षेत्र में परिवार का स्थान नहीं होना चाहिए। ये तीन व्यक्ति गाँधी, जयप्रकाश नारायण और राममनोहर लोहिया हैं। गाँधी, लोहिया और जयप्रकाश की कार्य पद्धतियाँ अलग थीं और उनमें आपस में गहरे मतभेद भी थे, लेकिन इस कठिन आग्रह के प्रति वे तीनों एकमत थे कि सार्वजनिक क्षेत्र में परिवार का स्थान नहीं होना चाहिए। वे आधुनिक युग को समझना चाहते थे, उसे अपनी भूमि पर परिष्कृत भी करना चाहते थे। लेकिन उसके साथ-साथ और उसके विपरीत भी इन तीनों का भारत की दीर्घ निरन्तरता से गहरा सम्बन्ध था। इस सम्बन्ध को बनाते हुए उन्होंने इसके अतीत की तीख़ी आलोचना भी की, उसके बिना वह सम्बन्ध गहरा नहीं होता। इन दोनों ही तत्त्वों का पुनर्सृजन, उनसे गहरा लगाव और उनकी तीख़ी आलोचना, गाँधी जी के हस्तक्षेप का मूलभूत आधार था।

गाँधीजी के समय तक सामाजिक सुधार और राजनैतिक सुधार के बीच गहरा द्वन्द्व था। गाँधीजी ने उस द्वन्द्व को समाप्त कर दिया। दूसरी महत्त्वपूर्ण बात, गाँधीजी का यह विचार था कि किसी संघर्ष की वैधता इस बात में नहीं है कि विरोधी पर कितनी तेज़ चोट की जाये बल्कि वह इस बात से आती है कि आपका संघर्ष आपके अपने जीवन या कर्म और प्रयास के सत्य को किस हद तक पुष्ट करता है। इस मार्ग से वे संघर्ष के एक ऐसे रूप का सृजन कर सके जिसका मूल बिन्दु चोट पहुँचाना न होकर, प्रतिरोध करना है। यहाँ चोट पहुँचाना संयोगभर हो सकता है। मैं ऐसे किसी भी अन्य उपनिवेशवाद-विरोधी आन्दोलन को नहीं जानता जिसमें उपनिवेशवादी शासन के सदस्यों के प्रति कोई दुर्भाव न हो। यह सिर्फ़ गाँधीजी कर सके। उन्होंने इसके लिए दार्शनिक और कर्म का संयुक्त धरातल तैयार किया। कर्म के धरातल का उन्होंने संस्थापन किया और इस तरह स्थान और प्रतीक के जिस रिश्ते का यहाँ अभाव था, उसे उन्होंने स्थापित किया। पर इस आलोचना के जो सांस्कृतिक रूपाकार थे वे पारम्परिक-सांस्कृतिक भाव से सम्बद्ध थे। ये स्थान दाण्डी यात्रा, साबरमती और सेवाग्राम आश्रम आदि की उपस्थिति से बने, उनके अलग-अलग स्थानों पर किये गये उपवासों से बने। उनके सांस्कृतिक

रूपाकार वही पुराने हैं। उनमें स्थान विशेष का उतना महत्त्व नहीं है, उनके लिए वह एक अंचल है, देश है। जैसे राम का दण्डकारण्य है, गाँधीजी का नोआखली है। यहाँ संस्था निर्माण और अनायास विकेन्द्रित सांस्कृतिक स्वायत्ता का अनूठा मेल है।

गाँधीजी भले ही महान् उपनिवेशवाद-विरोधी आन्दोलन के महान् नायक रहे हों, उनके लेखन-अभिव्यक्ति में राष्ट्र राज्य (नेशन स्टेट) के विषय या आदर्श पर लगभग कुछ नहीं। सांस्कृतिक राष्ट्रवाद के महान् प्रणेता सावरकर के पास संस्कृति पर कहने को कुछ नहीं। गाँधीजी का बड़ा योगदान यह रहा है कि महान् राष्ट्रीय आन्दोलन का नेतृत्व करते हुए कठिन से कठिन संघर्ष के क्षणों में भी उन्होंने राष्ट्रवाद के प्रति अपनी आलोचनात्मक दृष्टि को जीवन्त बनाये रखा। उन्होंने 'स्व' की आलोचना के धरातल को कभी सिमटने नहीं दिया। इसका कोई और उदाहरण नहीं है। दूसरी महत्त्वपूर्ण बात गाँधीजी ने यह की कि राष्ट्र आन्दोलन का नेतृत्व करते हुए, उसे उस काल में अपना मुख्य कर्म घोषित करते हुए भी उन्होंने आधुनिक सभ्यता पर जो प्रश्नचिन्ह लगाये, वे आज भी प्रासंगिक हैं। यह वे एक ऐसे समय में कर पाये जब उनके उस प्रश्नांकन के अर्थ और महत्त्व को पहचानने वाले उनके निकटतम सहयोगियों में भी नहीं थे। यही गाँधीजी के अकेलेपन का माप है। यह अकेलापन विराट और अति गहन स्तर का है और इसे किसी भी राजनैतिक शब्दावली में, वह कितनी ही परिष्कृत क्यों न हो, व्यक्त नहीं किया जा सकता। अधिकांश विद्वान जब गाँधीजी के अकेलेपन की बात करते हैं, वे ये नहीं समझते।

> आपके कथनानुसार सभ्यताओं के बनने और बने रहने में नगरों की केन्द्रीयता अनिवार्य है। इसके ठीक उलट गाँधीजी भारत के सन्दर्भ में गाँवों के महत्त्व को बहुत ऊँचा स्थान देते हैं।

नगरों के प्रतिकथन के रूप में गाँव समुदाय का रूपक बनकर आता है। वह सभ्यता के अर्थ पर होने वाली बहस में अद्वितीय हस्तक्षेप है। यह हमारे समय में गाँधीजी का बड़ा योगदान है। इसे अन्यों ने भी कहा है। गाँधीजी स्वयं यह कहते थे कि उन्होंने एक भी चीज़ ऐसी नहीं कही है जो अन्य लोग न कह चुके हों। इसे वे सहज गहरायी से स्वीकार करते

थे। लेकिन दोहराने की प्रक्रिया, जिसके विषय में हमने कई स्तरों पर बात की है, अपने आप में बड़ी सशक्त प्रक्रिया है। मनुष्य के द्वारा दोहरायी गयी चीज़ में अनन्त सम्भावनाएँ रहती हैं और सबसे सशक्त सम्भावना सम्भवतः इसी दोहराव से उत्पन्न होती है। गाँधीजी की दृष्टि में सम्पूर्ण या नितान्त नये की कल्पना असत्य है।

> गाँवों की बात उठाकर गाँधी ने सभ्यता की नयी परिभाषा की सम्भावना की पीठिका रखी थी। वह पीठिका आज भले ही टूट-फूट गयी हो...

लेकिन उसका बौद्धिक कथन और दार्शनिक तत्त्व आज भी जीवित हैं।

सुरेश शर्मा के तीन लेख

हिन्द स्वराज

आधुनिक संसार में परम्परा का अर्थ

गाँधी ने जीवनपर्यन्त हिन्द स्वराज को अपना 'बीज ग्रन्थ' माना। प्रवचन और वैधीकरण की अपनी पद्धति के प्रति दृढ़ रहते हुए, जवाहरलाल नेहरू द्वारा 'पिछड़ेपन की रोमांटिक माइथोलॉजी' कहकर उसे उतावली में ख़ारिज किये जाने पर प्रतिक्रिया करते हुए गाँधी ने दृढ़ता के साथ पुष्टि की कि 'हिन्द स्वराज में मैंने जो कुछ लिखा है, मैं उस पर अडिग हूँ।' लेकिन उन्होंने मूल पाठ से अपने इस कथन की पुष्टि आवश्यक नहीं समझी। इसकी बजाय उन्होंने १९०८ के हिन्द स्वराज के ख़ाके का नवीकरण करना पसन्द किया। उनकी दिलचस्पी '१९०८ के ख़ाके को यथावत् बनाये रखने' की नहीं थी। उनका प्रयोजन अपने 'पूर्व कथन को पुष्ट करना' नहीं था। गाँधी का आग्रह महज़ यह था कि 'लोग उस व्यापक मतभेद को जान लें जो हमारे बीच उत्पन्न हो गया है।' नेहरू ने इस सामान्य तथ्य को बार-बार दोहराकर विवाद को समाप्त करना चाहा कि काँग्रेस ने गाँधी की स्वराज की १९०८ की रूपरेखा को 'औपचारिक तौर पर' कभी नहीं अपनाया। सच तो यह है कि नेहरू ने गाँधी को बताया कि काँग्रेस वर्किंग कमेटी ने वाक़ई उस पर विचार नहीं किया। गाँधी ने स्वीकार किया कि हो सकता है कि अन्ततः अपनी कही बात को मानने वाले वे ही अकेले बचे रहें। हालाँकि उसमें पछतावे का कोई भाव नहीं था। क्योंकि उन्होंने यह सिद्धि प्राप्त कर ली थी कि निर्भय होकर 'वैसे ही उस सत्य का साथी बना रहूँ जैसे सिर्फ़ मैंने उसे जाना है।'

परम्परा शब्द के उल्लेख मात्र से वे तीक्ष्ण प्रतिक्रियाएँ उभरती हैं जो उन मान्यताओं में बद्धमूल हैं जो हममें इतने गहरे अवस्थित हैं कि हम उनके विषय में सजग नहीं हो पाते। गाँधी और परम्परा की चर्चा करना उन प्रतिक्रियाओं को निरपवाद रूप से आमन्त्रित करना होगा जहाँ ऊपरी असमानताएँ बातचीत के सर्वसामान्य सन्दर्भ को ओझल करती हैं। शायद, यह सबसे ठीक होगा कि इनमें से सर्वाधिक संवेदनशील प्रतिक्रियाओं की व्याख्या से शुरुआत की जाय :

(१) ब्रितानी औपनिवेशिक शासन के विरुद्ध संघर्ष में जनसंगठनकर्ता की हैसियत में गाँधी की सेवाओं से हमें, मरते हुए अतीत को परम्परा के नाम पर जिलाने के उनके प्रच्छन्न और अक्सर सीधे प्रयासों के प्रति अपने को अन्धा नहीं बना लेना चाहिए।

(२) गाँधी हमारी परम्परा के अन्तरंग माने जाने वाले अनेक विचारों और संस्थाओं के घोर आलोचक थे। परम्परा के रूप में गाँधी ने जो सहेजना चाहा, दरअसल, उसका अधिकांश आधुनिक ही है।

(३) गाँधी बीत गयी घटना हैं। और अतीत अनमोल आभूषण की तरह है। लेकिन अब हम इक्कीसवीं सदी के दरवाज़े पर खड़े हैं। भविष्य की चुनौतियों का सामना करने के लिए हमें आधुनिकतम प्रविधियों से लैस होना ज़रूरी है।

ऊपरी तौर पर परस्पर भिन्न लगती ये प्रतिक्रियाएँ, मान्यता के एक सर्वनिष्ठ बिन्दु की ओर संकेत करती हैं। जहाँ तक हिन्दुस्तान और ग़ैर-यूरोपीय संसार से उसका ताल्लुक है, परम्परा (या उसके संघटक तत्त्व) अपनी शर्तों पर कभी भी वैधता हासिल नहीं कर सकती। किसी अपेक्षाकृत उदार चौखटे में ही कुछ तत्त्वों को उपयोगी मान लेना, और कुछ एक को (बशर्ते कि वे अत्यन्त नुकसानदेह न हों, जिन्हें टाला न जा सकता हो।) बर्दाश्त कर लेना सम्भव है। लेकिन यह धारणा क़तई अर्थहीन लगती है कि आधुनिक प्रवचन से निरपेक्ष होकर जन्मे बहस के किसी ढाँचे में इसे समझना, जाँचना और वैधीकृत करना सम्भव हो सकता है।

तीसरी तरह की प्रतिक्रिया अधिक विचारणीय है। अपने तात्कालिक परिणामों में वह कहीं अधिक विनाशकारी है। यह आवेग, राज्य के लिए उपलब्ध किसी दुर्जेय तन्त्र के उपयोग के सहारे हमारी सभ्यता को धार्मिक

कट्टरता (ज़ायोनिज़्म) के किसी नये कम्प्यूटर-संस्करण में रूपान्तरित करने के लिए निश्चित तौर पर उभरा जा सकता है। इस संवेदना के लिए, जीवन्त वास्तविकता के रूप में परस्पर एक दुर्विनियोजनीय सामूहिक एकरूपता को हासिल करने में, असहनीय बाधा है। लेकिन अतीत के रूप में परम्परा का भारी मूल्य है। ऐसी संवेदना के लिए अतीत खण्डित बिम्बों की शृंखला के अतिरिक्त कुछ भी नहीं है। एक ऐसे साधन के रूप में दुर्विनियोजित अतीत जिसमें से पूर्णतः स्वच्छन्द उपयोगी अंशों को चुनकर उनका प्राविधिक सामान्यीकरण किया जा सके। इस तरह व्यवहृत ये अंश राज्य की सेवा के निमित्त समरूप उपकरणों में रूपान्तरित हो जाते हैं।

दो

अतीत को एक जीवन्त परम्परा के रूप में देखने वाली गाँधी की दृष्टि और परम्परा को एक निर्जीव अतीत के रूप में अधिगृहीत करने के कुछ आधुनिकतावादी प्रयत्नों के बीच एक अर्थपूर्ण दूरी है। वह दूरी उत्तरोत्तर उस दिशा में हमारे बहाव का परिणाम है जिसे प्रवचन का औपनिवेशिक विश्व ही कहा जा सकता है। उसे महज़ घुसपैठ या आरोपण मान लेना गम्भीर ग़लती होगी। ऐसा स्वेच्छाचारी दुर्विनियोजन एक व्यापक ऐतिहासिक संघटना के रूप में कभी नहीं घटता। इस प्रवचन के सृजन में हमारी भागीदारी शिकार हुए व्यक्तियों के रूप में ही सही, अत्यन्त निर्णायक रही है। लेकिन यह ऐसा प्रवचन है जो निरन्तर पराधीन बने रहने को अभिशप्त है। हम इस प्रवचन की श्रेणियों का सार्थक परिमापन या नियन्त्रण कभी नहीं कर सकते।

गाँधी जिस संवेदना को व्यक्त करना चाहते थे उसके लिए इस प्रवचन में उपलब्ध 'प्रतिश्रुति क्षेत्रों' की सीमाओं के प्रति वे भरपूर संवेदनशील थे। नेहरू का यह सुविचारित ज़ोर कि वर्किंग कमेटी ने हिन्द स्वराज को कभी भी विचारणीय नहीं माना इस प्रतिश्रुति क्षेत्र की लगभग अनुपस्थिति की ताईद करता है। तक़ाजा फ़िज़ूल था और सम्भवतः उसने निरायास सहमति के प्रति गाँधी की दृढ़ आस्था को समझने में नेहरू की अक्षमता को ज़ाहिर कर दिया। पच्चीस वर्ष पूर्व, काँग्रेस और हिन्द स्वराज के सम्बन्ध पर

लिखते हुए गाँधी ने स्पष्ट किया था...

> मैं पाठक को सचेत कर दूँ कि वे यह न मान बैठें कि आज मेरा लक्ष्य वह स्वराज है जो हिन्द स्वराज में दर्शाया गया है। मैं जानता हूँ कि हिन्दुस्तान अभी इसके लिए तैयार नहीं है। यह गुस्ताख़ी ही कहलायेगी। हालाँकि वह मेरी दृढ़ धारणा है। मैं व्यक्तिगत रूप से उसमें चित्रित स्व-राज (सेल्फ़ रूल) के लिए प्रयत्नशील रहूँगा। मेरी सामूहिक गतिविधि निश्चय ही हिन्दुस्तान की जनाकांक्षाओं के अनुरूप 'संसदीय स्वराज' प्राप्त करने की दिशा में हैं।'

'व्यक्तिगत रूप से प्रयत्नशील रहूँगा।' यह अभिव्यक्ति एक सार्वजनिक संस्था के सदस्य की हैसियत में एक व्यक्ति की भूमिका और उसके निजी विश्वासों के बीच फ़र्क़ बताने से अधिक कुछ कहने का अभिप्राय रखती है। इसका महत्त्व हिन्द स्वराज की आधारभूत व्याख्या-विधि के सन्दर्भ में ही समझा जा सकता है। उदाहरणार्थ, क़ानून और वकीलों के विषय में हिन्द स्वराज के मत को लें :

(१) अँग्रेज़ों के लिए यह असम्भव है कि वे 'अपना शासन अदालतों के बिना चला लें।'

(२) 'वकीलों के बिना अदालतें स्थापित नहीं हो सकती थीं', और 'अँग्रेज़ राज नहीं कर सकते थे?'

(३) 'वकीलों ने हिन्दुस्तान को ग़ुलाम बना दिया है' और 'अँग्रेज़ी हुकूमत का शिकंजा कस दिया है।'

(४) 'वकील भी मनुष्य हैं', और 'उनमें जो कुछ अच्छा है वह सिर्फ़ उनके मनुष्य होने के नाते ही है।'

संस्था और प्रवचन दोनों ही रूपों में विधि की यह निन्दा स्पष्ट और सम्पूर्ण है। लेकिन मनुष्य के रूप में वकील भला काम करते हैं, न सिर्फ़ अपने निजी जीवन में बल्कि अपने पेशे में भी। और इसी बात में अत्यन्त दूरारूढ़ अर्थ निहित है। कोई भी संस्था या विचार-पद्धति वह चाहे कितनी ही शक्तिशाली क्यों न हो अपनी विशिष्टता में अजेय उस स्वायत्त क्षेत्र को वश में नहीं कर सकती जो हर मनुष्य में निहित है। गाँधी उस वक़्त इसी 'अजेय स्वायत्त क्षेत्र' में अपनी आस्था की सहज पुष्टि कर रहे थे जब उन्होंने हिन्द स्वराज पर ब्रितानी हुकूमत द्वारा लगाये गये प्रतिबन्ध पर

प्रतिक्रियास्वरूप अपने 'अँग्रेज़ दोस्तों' के लिए उसका अँग्रेज़ी अनुवाद प्रकाशित किया।

इस पहचान ने गाँधी के लिए यह स्पष्ट सार्वजनिक कर्तव्य अनिवार्य बना दिया कि वे विरोधी के पक्ष में उस अजेय क्षेत्र के अस्तित्व को अत्यन्त भीषण संघर्ष के क्षणों में भी स्वीकृति दें। इसने प्रतिश्रुति क्षेत्र के विषय में गाँधी की खोज को भी परिभाषित किया है। यह खोज, हिन्द स्वराज में निर्दिष्ट ढाई क्षेत्रों में प्रकट होती है :

(१) 'औपनिवेशिक शासन के अभिशाप' के बावजूद 'रेलगाड़ियों' और 'अदालतों' के प्रभाव से हिन्दुस्तान का एक विशाल क्षेत्र वस्तुतः अक्षत है। यही बात गाँधी की दृष्टि में आधुनिक संसार के भीतर परम्परा की सम्भावनाओं को खोजने से सम्बन्धित उनके वक्तव्य के लिए बीज-सन्दर्भ थी।

(२) आधुनिक सभ्यता का प्रभाव क्षेत्र यूरोप में केन्द्रित है। जहाँ तक ग़ैर-यूरोपीय संसार का सवाल है, वहाँ उसका प्रमुख प्रयोजन इस शेष संसार को अपने बन्धक बाज़ार के रूप में पराधीन रखना है।

(३) हिन्दुस्तान में आधुनिक यूरोप के औपनिवेशिक सीमान्त का विस्तार अपने ही 'अधम निजी-स्वार्थों' के लिए औपनिवेशिक शासन को सहयोग देने से शुरू हुआ : और अब उसकी सर्वोच्च महत्त्वाकांक्षा अँग्रेज़ों के बग़ैर अँग्रेज़ बन जाना है।

आज वैसे हिन्द स्वराज के लिखे जाने के दिनों में अधिकांश लोग जिस 'देश' का नाम लेते थे, वह लगभग यही अर्द्धक्षेत्र है : हिन्दुस्तान में आधुनिक यूरोप का औपनिवेशिक सीमान्त। गाँधी जानते थे कि वे स्वयं भी पूरी तरह अपवाद नहीं हैं। इस अर्थक्षेत्र से परे जाने और उसका निर्णायक रूपान्तरण करने की प्रेरणा उन्हें भारतीय परम्परा में उपलब्ध प्रतिश्रुति क्षेत्रों के प्रति संवेदनशील होने से मिली थी।

गंगा के किनारे, वाराणसी के समीप, सारनाथ में बुद्ध ने संसार को निर्वाण के अष्टायामी पथ का ज्ञान दिया था। यह लगभग ढाई हज़ार वर्ष पूर्व की बात है। शंकर हज़ारों मील चलकर वाराणसी पहुँचे जहाँ उन्होंने वे मार्मिक वचन कहे जिन्होंने चिन्तन की हमारी कोटियों को पुनर्परिभाषित किया।

कबीर ने भी, गंगा के घाटों पर या धूलभरी गलियों में, लोगों के हर तरह के समूहों को आवेगपूर्ण प्रेम और उग्र क्रोध भरी वाणी से सम्बोधित किया।

गाँधी ने समूचे उपमहाद्वीप में बसे करोड़ों लोगों को बताया कि किस तरह औपनिवेशिक राज ने जीवन और जीविका की हमारी परम्परा को तहस-नहस किया है, और फिर उन्होंने उन्हें स्वराज के अपने स्वप्न की तस्वीर दिखायी। उनके लिए वह एक धार्मिक खोज थी। इस खोज की विधियों की तलाश में वे बनारस और अन्य प्राचीन तीर्थ स्थलों पर भी गये। लेकिन यह तीर्थाटन यात्रा का अन्त नहीं था, और सचमुच ही यह उनके लिए अभिप्रेत भी नहीं था। यह तो सिर्फ़ तैयारी थी; उन महत्त्वपूर्ण बातों को कहने के लिए जो करोड़ों लोगों के मन को छूकर किसी न किसी अंश में उन्हें उनकी रचनात्मक सामर्थ्य का अहसास करा दें, गाँधी को प्रेज़िडेंसी नगरों और इम्पीरियल राजधानी में भी रहना पड़ा। दुनिया बदल गयी थी। और इस बदली हुई दुनिया में दैनन्दिन जीवन की लय में निहित आचारों को आधुनिक दुनिया की आत्मविश्वस्त ऐतिहासिक उपस्थिति में रूपान्तरित करने गाँधी ने मध्यस्थता का आग्रह किया।

तीन

आधुनिक चिन्तन में मान्य कसौटियों का आह्वान करते हुए आधुनिक यूरोप के औद्योगिक समाजों की आलोचना एक सटीक शुरुआत थी। समाज आलोचक जिनमें से कुछ अत्यन्त संवेदनशील थे, इस चीज़ को भाँपने में बहुत तेज़ निकले कि अभूतपूर्व सम्पत्ति के उत्पादन की मूल प्रक्रिया ही ऐसी है कि जो उसका उत्पादन करते हैं वे ही निपट दारिद्र्य से घिर जाते हैं–कार्ल मार्क्स ने इस व्याख्या को अत्यन्त पैना और निर्णायक रूप दिया।

आधुनिक यूरोप द्वारा ग़ैर-यूरोपीय संसार को ग़ुलाम बनाया जाना ही हिन्द स्वराज में प्रस्तुत आधुनिक औद्योगिक सभ्यता की आलोचना का प्रस्थान विषय है। आधुनिक चिन्तन में परिवर्तन और रूपान्तरण का मतलब है 'जैविक प्रक्रिया' और 'प्रगति'। लेकिन 'विकसित संसार' में सामाजिक चिन्तन-परिवर्तन के आधार और परिभाषा–'प्रगति' की धारणा से आक्रान्त

रहे हैं हिन्द स्वराज में प्रगति की जैविकता को समझने का उपक्रम है।

हिन्द स्वराज के अनुसार यूरोप में आधुनिक औद्योगिक सभ्यता की समृद्धि और प्रगति अन्य देशों और लोगों की लूट और बर्बादी पर खड़ी की गयी। ग़ैर-यूरोपीय संसार की औपनिवेशिक दासता और यूरोप में औद्योगिक सभ्यता का आविर्भाव दोनों सहज रूप से जुड़े हुए हैं। यूरोप में औद्योगिक समाज के उदय के वर्षों पहले से, औपनिवेशिक संसार ने अपने ऊपर बन्धक बाज़ार बनाने के लिए किये गये बलात् क़ब्ज़ों और लगातार लूटपाटों के द्वारा यूरोप की उपस्थिति महसूस की है।

ईस्ट इण्डिया कम्पनी हमेशा से 'व्यापार और युद्ध दोनों में ही कुशलता प्राप्त संगठन' थी। आधिपत्य स्थापित करने का मूल आवेग 'अपने माल की खपत के लिए सारे संसार को विशाल बन्धक बाज़ार में बदलने' की अनिवार्य ज़रूरत के तहत ही पनपा। साम्राज्य के द्वारा पोषित विशाल नौसेना और फ़ौज का प्रमुख काम उसके 'व्यापार और बाज़ारों' को बचाये रखना था। औपनिवेशिक राज ने करोड़ों लोगों को उखाड़ दिया और उनकी जीविका को उखाड़ फेंका। इंग्लैण्ड की समृद्धि के लिए हिन्दुस्तान को दरिद्र बनाया जा रहा था। इस तन्त्र के पक्षधरों के लिए धन ही 'एकमात्र देवता' था।

हिन्द स्वराज के शब्दों में जिस सभ्यता को लाभान्वित करने औपनिवेशिक शासन ने हिन्दुस्तान को दास बनाया, वह सभ्यता 'संस्कारतः अनैतिक विचार पद्धति' में मूलबद्ध थी। प्रगति और सभ्यता की उसकी स्वीकृत कसौटियाँ बेलौस ढंग से प्रगति और साभ्यतिक अस्तित्व की उनकी समझ को दर्शाती हैं : बेहतर मकान, ढेरों वस्त्र, संचार के उत्तरोत्तर तेज़ गति उपकरण और जानलेवा हथियारों की उत्तरोत्तर उत्कृष्टता।

यह सब आधुनिक मशीनों की बढ़ती हुई सामर्थ्य के द्वारा सम्भव हुआ। मशीन 'आधुनिक सभ्यता का केन्द्रीय प्रतीक' है और 'उसका सबसे बड़ा पाप' भी। तलाश उस 'खटका दबाने वाली प्रविधि' की है जो 'मानवीय श्रम को पूरी तरह प्रतिस्थापित कर दे' और इस तरह ग़ुलाम देशों में श्रम के मूल्य को और अधिक अवमूल्यित कर सके। यही इस सभ्यता का चरम 'स्वप्न' है। उसने धरती के कोने-कोने में अनकही यातनाओं के अम्बार लगा दिये हैं। अपने स्वप्न का निर्मम पीछा करते हुए उसने दया और

करुणा के लिए कोई जगह नहीं छोड़ी। यान्त्रिक अन्वेषण को ही तरजीह देने वाला उत्साह अधम है। नयी और अधिक सक्षम मशीनों की खोज के लिए प्रेरक शक्ति 'दूसरे' पर प्रभुत्व कायम करने की लालसा और लालच से मिलती है। प्रकृति को और मनुष्य को 'पालतू' बनाना एक ही सिक्के के दो पहलू हैं। यदि मशीनें मनुष्यों की मदद के लिए हैं तो उन्हें सभी की श्रमशक्ति को बचाना चाहिए। बहुसंख्य लोगों के श्रम की क़ीमत पर कुछ लोगों का श्रम नहीं; जैसा कि आज हो रहा है। आज मशीनों की मदद से थोड़े से ताक़तवर व्यक्तियों और देशों के हाथों में अद्‌भुत सम्पत्ति और सत्ता एकत्र हुई है। इस सभ्यता को टिकाये रखने वाला मूल आवेग किन्हीं भी मर्यादाओं को वैध रूप में पहचानने में संस्कारत: अक्षम है। हिन्द स्वराज में इस आरोप का समापन आधुनिक सभ्यता के प्रति करुणा से होता है : अगर इसे रोका नहीं गया तो यह आत्मसंहार के लिए नियतिबद्ध है।

आधुनिक चिन्तन का पोषण, भौतिक संसार का पुनर्निर्माण करने की मनुष्य की विकसनशील योग्यता की सहज मुक्तिदायी शक्ति में गहरे विश्वास से होता है। वह इस निश्चय से अनुप्राणित है कि मनुष्य अन्तत: उन 'अन्तरिक्षीय बन्धनों' को तोड़ने में सफल हुआ है जिन्होंने मानवीय स्वतन्त्रता को वस्तुत: अपरिवर्तनीय सीमाओं के भीतर अब तक बाँधे रखा था और ऐसा महसूस किया गया है कि भौतिक यथार्थ को नया रूप देने की शक्ति सार्वभौमिक प्रामाणिकता के लिए वस्तुनिष्ठ तार्किक आधार प्रदान करती है। सचमुच, आधुनिक सभ्यता की सीमाओं को विस्तृत करते जाने की जटिल प्रक्रिया अक्सर क्लेशप्रद और घातक रही है। लेकिन आधुनिक सभ्य जीवन के उच्चतर स्तर को प्राप्त करने के लिए यह क़ीमत चुकाना ज़रूरी और अपरिहार्य है।

हिन्द स्वराज इस पर बल देता है कि हिन्दुस्तान की दासता का वास्तविक कारण तर्कणा की इस विधि के 'हमारे स्वीकार' में है। यानी, 'शिक्षित हिन्दुस्तान' का मतलब 'अँग्रेज़ों के बग़ैर अँग्रेज़ बन जाना' है। पुराने ज़मानों में 'विवशता' ग़ुलामी का कारण थी। आधुनिक युग में, यह 'आधुनिक मशीन' और 'इतिहास की आधुनिक अवधारणा' द्वारा प्रस्तुत निष्कर्षों के प्रति प्रलोभन के कारण है। कतिपय अँग्रेज़ों का यह दावा झूठ है कि हिन्दुस्तान को तलवार के बल पर जीता और वश में रखा गया।

हिन्दुस्तान को अँग्रेज़ों ने नहीं हथियाया, इसे हमने ही उन्हें सौंप दिया। हमने ही उन्हें औपनिवेशिक राज का शिकंजा कसने में सहयोग दिया और अब हम ही उन्हें 'बनाये रखे' हैं तो अपने ही 'कुत्सित स्वार्थ-लाभ' के कारण। हिन्दुस्तान में ब्रितानी राज 'हमारी रज़ामन्दी' की वजह से ही पनपा हुआ है।

'इतिहास लिखने की अँग्रेज़ी आदत' ने हमारी संवेदनाओं को भोथरा कर दिया है। बहरहाल, किसी भी हालत में, हिन्द स्वराज को इस बात को लेकर कोई भ्रम नहीं है कि इतिहास को भविष्य निर्णायक सीमा का निर्धारक बताना मनुष्य के 'गौरव' और 'विवेक' के विरुद्ध तर्क करना है। वे सारे लोगों के रहन-सहन और रीति-रिवाजों के 'अध्ययन का दावा करते हैं' हमारे इतिहास की उनकी टीका महज़ उस बात पर 'हमें छलपूर्वक विश्वास दिलाने' के लिए है जो बात हमारी परम्परा के बारे में उन्होंने दर्ज की है। इतिहास की आधुनिक अवधारणा दैनन्दिन जीवन लय के 'सहज प्रवाह' में आने वाली सिर्फ़ बाधाओं को दर्ज करती है। निश्चय ही 'सहज प्रवाह' भी कम से कम उतने महत्त्वपूर्ण तो हैं ही जितनी कि 'बाधायें' हैं। यह अँग्रेज़ी कहावत कि 'इतिहास रहित देश सुखी देश है': अँग्रेज़ी लोक-भावबोध के भीतर इसी समझ की ओर इशारा करता है। यूनान और रोम ध्वस्त हो चुके हैं। 'फिरोह का प्रभुत्व' मिट्टी में मिल गया। यूरोप उन यूनान और रोम की ओर ताकता है जिनका 'अस्तित्व मिट चुका है।' लेकिन हिन्दुस्तानी परम्परा अपने नैरन्तर्य को कायम रखे हुए है और वही 'हमारी आशा का मुख्य आधार है'।

गाँधी हिन्द स्वराज में तर्क करते हुए कहते हैं कि हिन्दुस्तान की आत्मपरिभाषा को उस सर्वश्रेष्ठ के भीतर से ही खोजना होगा जो हिन्दुस्तानी सभ्यता की अपेक्षाकृत अछूती लयों में प्रमाणित हुआ है। यह उन्हीं लयों का लचीलापन है जो हिन्दुस्तान को एकसूत्र में बाँधता है। लेकिन 'रेलवे के आगमन के साथ ही हमने विभेदों में विश्वास करना आरम्भ किया है।' अपनी सभ्यता की दैनन्दिन जीवन-गतियों के प्रति सच्चे आदर और विश्वास में ही देसी और औपनिवेशिक दोनों तरह के आततायियों के अन्याय के विरुद्ध अविराम संघर्ष निहित है।

तानाशाही के ख़िलाफ़ हथियारबद्ध संघर्ष का अन्त निश्चय ही एक तरह की तानाशाही से दूसरी तरह की तानाशाही के प्रतिस्थापन में होगा।

अहिंसक सत्याग्रह में 'आत्मिक शक्ति' के साथ दैनन्दिन जीवन-गतियों की अन्त:स्फूर्ति प्रतिध्वनित होती है। क्योंकि अहिंसक सत्याग्रह की 'तलवार' के लिए किसी 'म्यान' की ज़रूरत नहीं है। अहिंसक सत्याग्रह के विचार के इस प्रतिपादन में दैनन्दिन जीवन की नैतिकता को एक आत्म-विश्वस्त ऐतिहासिक उपस्थिति में रूपान्तरित करने की हिन्द स्वराज में की गयी गाँधी की खोजें समाहित हैं। उदाहरणार्थ, इन प्रस्थापनाओं पर विचार करें :

(१) 'अपमानजनक क़ानूनों' का पालन करना 'आधुनिक अवधारणा है।'

(२) बराबरी वाले से अन्याय को ठीक करने के लिए निवेदन करना सौजन्य का प्रतीक है।

(३) दास से अन्याय को ठीक करने के लिए निवेदन करना अपनी अवमानना का सूचक है।

(४) एक ऐसा निवेदन जिसके पीछे ताक़त है (और यहीं पर गाँधी जी नागरिक सत्याग्रह की ताक़त का हवाला देते हैं।) निवेदन करने वाले की सक्रियता को सिद्ध करता है।

चार

'आधुनिक औद्योगिक सभ्यता' के विषय में गाँधी जी की आलोचना बोध और वैधीकरण की ऐसी विधि से प्रस्फुटित होती है जिसके लिए आधुनिक चिन्तन में कोई ख़ास गुंजाइश नहीं है। समूचा ग्रह एक सर्वसामान्य नियति से बँधा हुआ था। और यह वह एकीकरण था जिसने मुट्ठीभर लोगों की उन्नति की ख़ातिर मानव जाति के विशाल हिस्सों को कमज़ोर और अवनत बना दिया था। गाँधी ने हिन्द स्वराज में 'प्रगति की जैविकी' को उसके तमाम नतीजों में समझने की ख़ातिर बोध और व्याख्या की विधि को दुनिया के उत्पीड़ित हिस्से के अध्ययन से स्पष्ट किया। शोषण और दमन ने शोषक और दमनकर्ता को जो रूप दिया उसको लेकर वे उतने ही चिन्तित थे जितने शोषितों और दमितों के प्रति। एक ऐसे समय में जब सबके लिए ताज़ी-ताज़ी भरपूर समृद्धि का दावा करती हुई आधुनिक

सभ्यता अत्यन्त युवा और अनुगूँजों से भरी हुई थी गाँधी ने हिन्द स्वराज में इस धारणा को पुष्ट किया कि आधुनिक टेक्नोलॉजी से पैदा होती चौंधियाती समृद्धि की सदाबहार लगती फसल सदा के लिए और किसी भी हालत में, समूची मानव जाति के हित के लिए कायम नहीं रखी जा सकती।

ऐसी ही विधि का तीख़ा सन्तुलन शायद मिश्र के राजा और लेखन कला के अन्वेषण के बारे में प्रचलित पुराकथा में सबसे बढ़िया ढंग से व्यक्त हुआ है। काफ़ी समय बाद जब चित्रलिपियों का महान् अन्वेषक लेखन के द्वारा ज्ञान के संरक्षण की असीम सम्भावनाओं की व्याख्या कर चुका था, राजा के मन में गहरी उदासी बनी रही। ठीक है, उसने स्वीकार करते हुए कहा, लेखन उन बहुत सारी बातों को सुरक्षित रख लेगा जो अन्यथा भुलायी जा सकती हैं। लेकिन उससे मानवीय स्मृति कमज़ोर होगी। एकदम आरम्भिक क्षणों में एक अत्यन्त अनोखी मानव खोज के अन्तर्विरोध का ऐसा आकलन आधुनिक अन्वेषणों के इतिहास में शायद कहीं नहीं मिलेगा। इससे हमें पहचान की किसी ऐसी विधि का संकेत मिलता है जो चमकते सूरज से उत्पन्न स्याह छायाओं की ओर आँख मूँदने से रोकेगी।

कुछ मौलिक तत्त्व जो हिन्द स्वराज में उक्त व्याख्या को स्पष्ट करते हैं वे हैं :

(१) पारम्परिक सामाजिक व्यवस्था के आकलन और आधुनिक औद्योगिक सभ्यता की आलोचना के रूप में आत्मालोचन।

(२) सुसंगत माध्यम के रूप में टेक्नोलॉजी : और दमन तथा ताक़त के प्रदर्शन के रूप में टेक्नोलॉजी। अत: मर्यादाओं की अवधारणा।

(३) दैनन्दिन जीवन गतियों की नैतिकता की पुष्टि के रूप में अहिंसा और सत्याग्रह। अत: प्रभावीकरण के बिन्दुपथ के रूप में व्यक्तिगत और सामाजिक क्षेत्र भी।

(४) सत्य-आदर्श, तात्कालिक-वास्तविक।

(५) शोषण और शोषक का नृशंसीकरण।

हिन्द स्वराज में की गयी व्याख्या और प्रतिपादन, परम्परा सम्बन्धी हमारे

गहरे आन्तरिक अन्तर्विरोधी बोध के बिल्कुल परे जाकर आधुनिकता के प्रति-प्रश्न के रूप में उजागर होते हैं। शास्त्रों और अस्पृश्यता के प्रश्न पर गाँधी की घोषणा, परम्परा की समझ के सिलसिले में गाँधी की विशिष्ट चारित्रिकता की द्योतक है। गाँधी ने कहा कि यदि पण्डित अस्पृश्यता को हिन्दू-आस्था का आन्तरिक अंग मानते हैं तो सनातनी होने के नाते ही शास्त्रों को ख़ारिज करने में मुझे कोई संकोच नहीं होगा। गाँधी के लिए, महज़ परम्परा और अतीत ही नहीं, भविष्य भी समूची और बेदाग़ परिपूर्णता कभी भी धारण नहीं कर सकता।

अँग्रेज़ी से अनुवाद : इन्दुप्रकाश क़ानूनगो, उदयन वाजपेयी

हिन्द स्वराज का अर्थलोक

I wish that my name is forgotten, and only my work endures. The work will endure only if the name is forgotten.

–M.K.Gandhi

Kildonan Castle, 24 November, 1909[1]

गाँधी ने *हिन्द स्वराज* को अपना बीज-पाठ कहा था। बीज में जैसे ही जीवन आता है बीज का अस्तित्व समाप्त हो जाता है। जीवन बीज के भीतर लम्बे अरसे तक निश्चल और मौन रह सकता है। लेकिन उसका आरम्भ उसका अन्त होता है जिससे वह आरम्भ हुआ था। और इसी में आरम्भ और अन्त के बीच की गहन और अति तरल दूरी निहित है। बीज एक रूपक के तौर पर आरम्भ के मौन और आद्य रूप को प्रस्तुत करता है। उसकी उपस्थिति संवेद्य और ज्ञेय होती है, और तब भी वह अदृश्य बना रहता है।

हिन्द स्वराज १३ और २२ नवम्बर के दरम्यान इंग्लैण्ड से दक्षिण अफ्रीका की यात्रा के दौरान *किल्डोनान कैसल* नामक स्टीमर पर लिखा गया था। इसके लेखन के आसपास के छोटे-छोटे विवरण उस पूर्णता का संकेत देते हैं जो उस क्षण और सन्दर्भ के परे है। जहाज़ के काग़ज़ों पर लगभग लगातार किये गये लेखन के वे दस दिन एक ऐसी उद्विग्न सघनता से रंजित थे जिसका अनुभव गाँधी ने पहले कभी नहीं किया था। उन्होंने तब लिखा जब वे ख़ुद को 'रोक पाने में' असमर्थ हो गये। हस्तलिखित पाण्डुलिपि

के दो सौ इकहत्तर पृष्ठों में पाठक द्वारा प्रस्तुत किये गये अठासी प्रश्न और सम्पादक द्वारा दिये गये बीस अध्यायों में उनके अठासी उत्तर, और पाँच पृष्ठों की एक भूमिका शामिल है। जब दायाँ हाथ थक गया, तो गाँधी ने अड़तीस पृष्ठ अपने बायें हाथ से लिखे। वे पृष्ठ आश्चर्यजनक रूप से कहीं ज़्यादा दृढ़ और स्पष्ट लेखन लिये हुए हैं। कोई भी प्रश्न अनुत्तरित नहीं छोड़ा गया था। लेकिन, २२ नवम्बर को किसी वक़्त, एक तरह से अन्तिम पंक्ति उकेरने के पहले, उन्होंने सुधार और संशोधन किये थे। कुल मिलाकर पाण्डुलिपि में सुधार और मिटाने के दो सौ अट्ठाइस निशान दर्ज़ हैं। इनमें से इक्कीस पाठक के सवालों से सम्बन्धित हैं।[२] इसे उस बड़े निर्णायक सवाल की सूक्ष्मता के प्रति दृढ़ स्पष्टता के रूप में देखा जा सकता है जिसे *हिन्द स्वराज* में परिभाषित करने का प्रयास था : मानव जीवन का अर्थ और आधुनिक सभ्यता के भीतर उसकी सम्भावना। इस स्पष्टता में निहित कहीं अति विकट सवाल यानी, बाहर निकलने की सम्भावित राह, या अगर हम अपने समय के प्रचलित मुहावरे का इस्तेमाल कर कहें तो, 'विकल्प' या 'विकल्पों', के प्रति एक ख़ास क़िस्म की हिचकिचाहट या अनिश्चय आसन्न प्रतीत होती है।

यह पाण्डुलिपि सबसे पहले *इण्डियन ओपिनियन* के गुजराती कॉलमों में *हिन्द स्वराज* नाम से दो किस्तों (११ और १८ नवम्बर, १९०९) में प्रकाशित हुई थी।[३] जनवरी १९१० में इसे एक स्वतन्त्र प्रकाशन के रूप में जारी किया गया। १० मार्च, १९१० को बम्बई में गाँधी के तीन अन्य गुजराती लेखनों के साथ-साथ इस पुस्तक के वितरण पर रोक लगा दी गयी। २४ मार्च को ये सारे प्रकाशन 'राजद्रोही सामग्री' के कारण 'अवैध' घोषित कर दिये गये, और भारत में इनका प्रसार और प्रकाशन दण्डनीय अपराध बन गया। बम्बई में की गयी इसकी धरपकड़ से *हिन्द स्वराज* को अँग्रेज़ी में प्रकाशित करने के गाँधी के फ़ैसले में तेज़ी आयी। उनका अनुमान था कि इस धरपकड़ के तुरन्त बाद प्रकाशन को निश्चित तौर पर अवैध घोषित किया जायेगा। इस प्रतिबन्ध को मुख्यत: *हिन्द स्वराज* के विरुद्ध देखा गया। जो तीन अन्य लेखन प्रतिबन्धित किये गये थे, उनमें से एक वह कृति है जिसे हज़ारेक बरस तक यूरोप के साहित्यिक-बौद्धिक जीवन की बुनियाद निर्मित करने वाली क्लासिक रचना माना जाता रहा : प्लेटो की *डिफेंस ऑफ़ सोक्रेटीज़*। जॉन रस्किन की *अन् टु दिस लास्ट,*

अपने उद्गम में हाल ही (१८६२) की कृति होने के बावजूद, अपनी गहरी सामाजिक अन्तर्दृष्टि और सौन्दर्यात्मक-साहित्यिक शक्ति की वजह से अँग्रेज़ी भाषी जगत में व्यापक रूप से पढ़ी और सराही गयी थी। रस्किन का नाम और बौद्धिक ख्याति अपने उत्कर्ष पर थी। उनकी मृत्यु के एक साल पहले, कामगार वर्ग के लोगों को उच्च शिक्षा और बौद्धिक जीवन सुलभ कराने के उद्देश्य से स्थापित ऑक्सफ़ोर्ड के एक कॉलेज को रस्किन कॉलेज का नाम दिया गया था (१८९९)। एकमात्र कृति जिसे संदिग्ध राजनैतिक उद्गम का लेखन कहा जा सकता था वह थी मुस्तफा कमाल पाशा की *स्पीच*।

पहली दृष्टि में, *हिन्द स्वराज* को अँग्रेज़ी में तुरन्त प्रकाशित करने के फ़ैसले का कोई अर्थ समझ में नहीं आता। जो अन्य तीन प्रकाशन प्रतिबन्धित किये गये थे वे सब के सब अँग्रेज़ी में प्रकाशित लेखनों के गुजराती अनुवाद थे और वे पूर्णत: वैध लेखनों के रूप में स्वीकृत थे। *हिन्द स्वराज* को अँग्रेज़ी में प्रकाशित करने के फ़ैसले में दरअसल लेखन की भाषा और एक प्रदत्त अस्तित्वपरक-ऐतिहासिक स्थिति के भीतर सत्य की खोज की सम्भावना के बीच के रिश्ते को लेकर एक ज्ञानात्मक नैतिक बयान निहित है। यह कहा जा सकता है कि गाँधी के भाषिकबोध में भाषा एक ऐसी वस्तु है जो अपने में परिपूर्ण है, जीव-योनि की तरह, किसी भी ऐसी चीज़ से भिन्न जो है या हो सकती है। वे जानते थे कि हर भाषा अन्य भाषाओं के साथ, अन्य जीव-योनियों के साथ, निरन्तर संवाद में एक परिपूर्ण वस्तु समान विचरण करती है। भाषा में इस संवाद की उपस्थिति उतनी ही वास्तविक होती है जितनी कि मौन या सम्भावित निस्सीमता। यह भाषा में निहित मौन ही है जो उस गहन विरोधाभास की ओर संकेत करता है जो *हिन्द स्वराज* के समूचे लेखन और उसके पाठ के रूप में अस्तित्व में आने के क्षण से उसके लक्ष्य किये तथा समझे जाने के समूचे विवरणों में व्याप्त है। और यह हमें इस सवाल के सामने ला खड़ा करता है कि *हिन्द स्वराज* का पाठ क्या है।

हम इस बात से शुरुआत कर सकते हैं कि जिन दो सौ छिहत्तर पृष्ठों पर गाँधी ने २२ नवम्बर, २००९ को एक तरह से अन्तिम पंक्ति उकेरी थी वे पृष्ठ ही इस पाठ की रचना करते हैं। इसे पूरी सजगता बरतते हुए जस का तस *इण्डियन ओपिनियन* में मुद्रित किया गया था, उस समाचार पत्र

में जिसे गाँधी ने दक्षिण अफ्रीका में भारतीय-एशियाई संघर्ष को स्वर देने और अहिंसा को प्रतिरोध तथा चिन्तन-विधा के रूप में बरतने के प्रयोग के तौर पर विकसित किया था। *हिन्द स्वराज* के पाठ के साथ गाँधी का रिश्ता भ्रामक और बेहद जटिल है। प्रस्तावना के उनके इन शब्दों पर ग़ौर करें :

> जो विचार व्यक्त कर रहा हूँ वे मेरे अपने हैं, और मेरे अपने नहीं हैं। यह मेरे हैं क्योंकि उम्मीद यह है कि मेरा चलन उनके अनुसार हो। ये मुझमें आत्मसात् हो गये हैं। यह मेरे अपने नहीं हैं, क्योंकि इन विचारों को मैंने ही सोचा हो ऐसा नहीं है। यह बहुत सी पुस्तकें बाँचने के बाद स्थिर हुए। जो मेरे मन में धुँधला-सा था उसे पुस्तकों का सहारा मिला।
>
> जो विचार पाठक के समक्ष रखे हैं, वह सुधार की धुन से बचे बहुत से हिन्दी रखते हैं, यह साबित करने की ज़रूरत नहीं है। पाठक मुझपर विश्वास करे जब मैं यह कहूँ कि ये विचार यूरोप के हज़ारों मानुस भी रखते हैं।

हिन्द स्वराज को 'मेरा' और 'मेरा नहीं' कहते हुए गाँधी पाठ (टेक्स्ट) के साथ एक ऐसे सम्बन्ध को स्पष्ट करने की कोशिश करते हैं जो पाठ और लेखक की उस आधुनिक अवधारणा से एकदम अलग है जहाँ इनको नवीन और मौलिक माना जाता है। आधुनिकतापूर्व के भारतीय विश्व में इस तरह का स्पष्टीकरण शायद ग़ैरज़रूरी होता। यह सम्बन्ध इस आस्था पर आधारित है कि एक लेखक-रचयिता के हाथ में अधिक से अधिक इतना भर है कि वह अपने समय और सन्दर्भ के भीतर और उस पर वह सब कह सके, जो पहले से ज्ञात हैं तथा एक सचाई के रूप में मान्य हैं। लेखकत्व और पाठ यहाँ प्रामाणिक और सत्य की खोज की यात्रा हैं। उनका उद्‌देश्य 'नये' या 'मौलिक' हस्तक्षेप का सृजन अथवा इसे रूपायित या व्यक्त करना नहीं है। पाठ यानी टेक्स्ट को स्वयं ऐसी बुनावट के रूप में–वह अर्थ जो 'टेक्स्ट' शब्द में अन्तर्निहित है–देखा गया है जिसमें पहले से ज्ञात तन्तुओं को नये सिरे से बुना होता है। कहा जा सकता है कि *हिन्द स्वराज* में यह बुनावट दो भिन्न तन्तुओं को समाहित किये हुए है : आधुनिक सभ्यता से अछूते भारत का आत्मबोध तथा विश्वबोध, और यूरोप के वे ग्रन्थ और विमर्श जो आधुनिक सभ्यता के ख़िलाफ़ गहरे विक्षोभ और पीड़ा को स्वर देने का प्रयत्न करते हैं। सम्भवतः सबसे प्रभावशाली अनुपस्थिति इस सन्दर्भ में उस भारत की है जिसे आधुनिक

के हाथों छुआ और नये सिरे से गढ़ा गया था। गाँधी ने *हिन्द स्वराज* के लेखक होने की पूरी जिम्मेदारी ली, लेकिन पाठ की नितान्त निजी और मौलिक वस्तु के दावे का उन्होंने गहन आग्रह और दृढ़ता से त्याग किया। पहले अँग्रेज़ी संस्करण (१९१०) के मुखपृष्ठ पर यह घोषणा अंकित है : 'नो राइट्स रिज़र्व्ड' ('कोई स्वत्वाधिकार सुरक्षित नहीं')।

हिन्द स्वराज की कुछ संरचनात्मक तफ़सीलें असाधारण और संकेतमय हैं। क्या यह कहा जा सकता है कि गाँधी ने *हिन्द स्वराज* के पाठ का रास्ता उसकी संरचनात्मक तफ़सीलों की धुरी टटोलते हुए तय किया था? मसलन, भाषा के चुनाव और पाठ के रूप को लें। जब वे लिखने बैठे थे तभी से उनको यह बोध था कि वह नितान्त एकाकी यात्रा होगी। वह एक ऐसा उद्यम था जिसके लिए कोई भी ऐसे निश्चित दिशा-संकेत उपलब्ध नहीं थे जिनका अनुसरण किया जा सकता या जिनसे बचकर निकला जा सकता। यह आधुनिक संवेग के अर्थ और मूल्य की बोध के एक ऐसे धरातल पर पैमाइश करने की कोशिश थी जो स्पष्ट तौर पर उसकी सीमाओं से परे था। समूची दुनिया, पहले से ही, उस आधुनिक रूपान्तरण की ज़रूरतों के मुताबिक़ अच्छी-ख़ासी ढाली जा चुकी थी जिसकी शुरुआत यूरोप में लगभग सौ बरस पहले हुई थी। जिस गति और पैमाने पर यह परिवर्तन घटित हो रहा था उसकी तुलना आधुनिकता के आगमन से पहले की किसी भी ज्ञात अथवा कल्पनीय चीज़ से नहीं की जा सकती थी। मानव अस्तित्व के चरम कल्याण हेतु उसकी हर चीज़ को नयी शक्ल दे पाने की आधुनिक सभ्यता की शक्ति की अधीनता और उसके प्रति विश्वास में हर चीज़ और हर वस्तु को खींच लिया गया था। इस आधुनिकता के विरुद्ध ख़बरदार करने और चेतावनी देने वाले यूरोप के थोड़े से स्वर भी एकाकी हाशियों तक ही सीमित थे। यूरोप से बाहर की दुनिया में आधुनिकता की आलोचना पूरी तरह से केन्द्रित थी आधुनिक सभ्यता के विलक्षण उपहारों की यूरोप द्वारा की जा रही संकीर्ण स्वार्थपूर्ण उपयोग के लिए जोड़-तोड़ और चालाकी पर। और तब भी, गाँधी ने *हिन्द स्वराज* के लेखन के लिए गुजराती में संवाद का रूप चुना।

आधुनिक सभ्यता, यानी उसके मौजूदा और अभीप्सित स्वरूप, पर विचार कर उसका अर्थपूर्ण आकलन प्रस्तुत करने के लिए गाँधी के गुजराती भाषा के चयन को कैसे देखा जाये? प्रथम दृष्ट्या, हर सम्भावित तर्क इस

चुनाव के प्रतिकूल जाता प्रतीत होता है। गुजराती में, जैसे कि दरअसल किसी भी दूसरी भारतीय भाषा में भी, उस समय कोई भी ऐसी मुद्रित सामग्री नहीं थी जिसको आधुनिक सभ्यता के नकार के रूप में पढ़ा या देखा जा सकता। यहाँ तक कि, तत्कालीन भारतीय साहित्यिक-दार्शनिक विमर्श के भीतर, आंशिक रूप में भी ऐसा कुछ लगभग नहीं के बराबर था जिसकी ओर, आधुनिक तर्कों से अनछुए नैतिक या बोधपरक की तलाश में, मुड़कर देखा जा सकता। दरअसल, जीवन के समस्त आधार को रूपान्तरित और पुनर्विन्यस्त कर सकने की आधुनिक सामर्थ्य को सार्विक रूप से मंगलमय और शुभ माना जाता था। आधुनिकता को लेकर बेचैनी और खण्डन औपनिवेशिक शोषण और नस्लपरक अहंकार के आवेशपूर्ण प्रत्याख्यान तक सीमित थी। *हिन्द स्वराज* लिखते हुए गाँधी सचेत थे कि वह, एक गहरे और मूलभूत अर्थ में, उनके किसी भी अन्य लेखन से सर्वथा भिन्न है। इसमें दक्षिण अफ्रीका के बारे में या दक्षिण अफ्रीका में भारतीयों के अधिकारों की महत्त्वाकांक्षाओं के बारे में सीधे-सीधे कहने लायक़ बहुत कम था। इसके मुख्य सन्दर्भ बिल्कुल ही भिन्न थे : आधुनिक परिवर्तन, जीवन का अर्थ, भारत और यूरोप। एक ऐसे व्यक्ति के लिए जो अपनी पारिभाषिक कृति लिखने जा रहा हो, गुजराती भाषा में लिखने का फ़ैसला सचमुच साहस और जोख़िम से भरा हुआ था। गुजराती में *हिन्द स्वराज* की तरह के विषय पर गाँधी का पहले का लेखन अनुवादों के रूप में था : तॉल्सतॉय, रस्किन, सुकरात, थोरो। आधुनिक सभ्यता के अर्थ की अन्तिम समझ का प्रथम क्षण गाँधी की स्मृति में एक 'ब्रितानी कुलीन' ('ब्रिटिश पियर') के साथ उनकी बातचीत[४] थी। *हिन्द स्वराज* की विषयवस्तु पर उनका पहला सार्वजनिक वक्तव्य, जिसके शब्द उनके बाद के कामचलाऊ अँग्रेज़ी अनुवाद के पाठ के क़रीब बैठते हैं, हैम्प्सटीड की पीस एण्ड आर्बीट्रेशन सोसायटी में दिया गया उनका व्याख्यान 'ईस्ट एण्ड वेस्ट' था।[५] वे *हिन्द स्वराज* लिखने के लिए आसानी से अँग्रेज़ी का चुनाव कर सकते थे और फिर गुजराती तथा दूसरी भारतीय भाषाओं में उसका अनुवाद कर सकते थे। इसलिए जो सवाल उठता है वह यह है : गाँधी ने अँग्रेज़ी में न लिखने को क्यों चुना?

हिन्द स्वराज में उद्देश्य और अर्थवत्ता के प्रति गाँधी की गहरी सजगता को ध्यान में रखें, तो गुजराती में लिखने के निर्णय के पीछे एक सशक्त

राजनैतिक भंगिमा अख़्तियार करने की आकुलता नहीं रही हो सकती। सच है, मैकाले की छाया गाँधी को गहरे में विक्षुब्ध कर रही थी। वे भंगिमाओं का मूल्य समझते थे और राजनैतिक व्यवहार में उनको गुंजाइश देते थे। लेकिन भंगिमाएँ, जैसे कि जीवन की दूसरी चीज़ें भी, उनके लिए तभी अर्थ रखती थीं जबकि वे किसी गहनतर यथार्थ की सूचक हों। *हिन्द स्वराज* लिखने के लिए गुजराती–जो असंदिग्ध रूप से आधुनिकता के सुदूर हाशिये पर स्थित भाषा थी–का चुनाव करते हुए, ऐसा लगता है, गाँधी दो ऐसी आधार धुरियों को, चीज़ों को, प्रशस्त कर रहे थे जिन पर मनुष्य की समानता का तथ्य और सम्भावना आत्यन्तिक रूप से टिकी है :

> सर्वथा अपरिचित और अज्ञात को अर्थ प्रदान करने और मापने-परखने की भाषा में निहित स्वत: क्षमता–फिर वह भाषा कितनी ही आदिम, संकीर्ण स्वबोध, अनुभव के दायरे और स्मृति में सिमटी हुई क्यों न हो। भारतीय वैश्विकी और सभ्यता के आद्य स्रोत लोक-विमर्श के मध्यस्थ के रूप में गुजराती की हैसियत।

मूल पाठ की निपट सादगी बेइन्तिहा चकित करने वाली है। वह, गाँधी के शब्दों में कहें तो, 'फूहड़' और 'मूर्खतापूर्ण' होने, और इसीलिए निरर्थक जान पड़ सकती है। गाँधी अक्सर कहा करते थे कि अगर उन्होंने इसे दुबारा लिखा होता, तो हो सकता है कि उन्होंने बिलकुल अलग शब्दों का इस्तेमाल किया होता, लेकिन विचार बिलकुल वही रहे होते जो उन्होंने रखे हैं।[६] पिछले दसेक वर्षों के *हिन्द स्वराज* के पठनों के दौरान कभी-कभी उसके गद्य की अगढ़ता की खरखराहट हम पर छा जाती थी। मसलन, समभाव को दर्शाने आम बोलचाल की शब्दावली से बरोबर (शाब्दिक अर्थ 'बराबर', 'ठीक है') का प्रयोग, या आधुनिक व्यवसायों और विशेषज्ञता की अन्दरूनी अर्थहीनता को सूचित करने वाली *नवारा* (शाब्दिक अर्थ 'निकम्मा') पर ध्यान दें। सोलह वर्ष की आयु से गाँधी के शिष्य और भाषाओं तथा भारत की साहित्यिक परम्पराओं के असाधारण ज्ञाता विनोबा भावे का विचार था कि *हिन्द स्वराज* की भाषा विशुद्ध आदिम अर्थों में 'अनगढ़' (क्रूड) है :

> मैंने अनगढ़ इसलिए कहा क्योंकि बाद के दिनों में वे जिन शब्दों का सहारा लेते हैं वे इसमें नहीं मिलते। जिस तरह उपनिषदों की भाषा कानों के लिए अनगढ़ प्रतीत होती है, वैसे ही *हिन्द स्वराज* की भाषा भी अनगढ़

लगती है। जब हम शंकर के भाष्य को देखते हैं, तो उसकी भाषा के परिष्कार, व्याख्या करने के उसके ढंग, हर चीज़ को तर्क के सहारे समझाने की उसकी क्षमता, इन सबके मुक़ाबले में उपनिषदों की भाषा अनगढ़ प्रतीत होती है। लेकिन उपनिषदों की इस अनगढ़ भाषा में जिस जीवन और तेज का वास है वे तर्क और विज्ञान की किन्हीं भी अन्य भाषाओं में दुर्लभ हैं।[७]

स्पष्ट ही यह कोई संयोग नहीं है कि *हिन्द स्वराज* गाँधी की अकेली ऐसी कृति है जिसे उन्होंने अनुवाद के लिए चुना था। उन्होंने सोच-समझ कर अपनी इस अँग्रेज़ी प्रस्तुति को 'मूल की भरोसे-योग्य प्रस्तुति' 'न कि शाब्दिक अनुवाद' ('फेथफुल रेण्डरिंग ऑफ़ ओरिजनल' 'नॉट अ लिटरल ट्रांसलेशन') कहा था।[८] अँग्रेज़ी प्रस्तुति का सबसे ज़्यादा चौंकाने वाला पक्ष इसका शीर्षक है। पहले संस्करण का शीर्षक है *इण्डियन होम रूल* जिसके साथ यह कैफ़ियत दर्ज है : गुजराती के '*हिन्द स्वराज* का अनुवाद'।[९] 'इण्डियन होम रूल' मूल *हिन्द स्वराज* का उचित अनुवाद है और अपने उस तत्कालीन राजनैतिक प्रयोग के निकट पड़ने वाला पद है जो कनाडा तथा ऑस्ट्रेलिया की तरह के 'औपनिवेशिक राज्य' (डॉमिन्यॅन स्टेट्स), और स्वशासन की भारत की राजनैतिक आकांक्षा को दर्शाता था। *स्वराज्य* से *स्वराज* की ओर जाने की चेष्टा अपने नतीजों में एक सूक्ष्म और अनवरत बदलाव को सूचित करती है। *स्वराज्य* शब्द में, जो *स्व* और *राज्य* के दो अर्थ-तत्वों के संयोग से बना है, क्षेत्र भूखण्ड का संकेत अपनी पूरी निश्चयात्मकता में प्रमुख है। इसके बरक्स, *स्वराज* शब्द का अर्थ-प्रवाह जीवन और जीवन-शैली की एक ख़ास तरह की सामुदायिक बनावट और आकांक्षा की ओर उन्मुख है : नियमन, नियन्त्रण, शासन या शासन-प्रबन्ध। *हिन्द स्वराज* के काफ़ी पहले बालगंगाधर तिलक ने 'स्वराज' शब्द का आह्वान भारत की राजनैतिक आकांक्षा के एक प्रतीक के रूप में किया था, और कुछ ही वर्ष बाद (१९०६ में) दादाभाई नौरोजी ने भारतीय राष्ट्रीय काँग्रेस के अध्यक्ष की हैसियत से स्वराज को राष्ट्रीय आन्दोलन का लक्ष्य घोषित किया था। निश्चित तौर पर कहा जा सकता है कि गाँधी इस शब्द से, आम बोलचाल के भीतर इसकी आर्थी व्यंजनाओं और नैतिक शक्ति से, बहुत क़रीब से परिचित रहे होंगे। गाँधी ने इसे 'एक पवित्र शब्द, एक वैदिक शब्द' कहा था (यंग इण्डिया, १९ मार्च, १९३१)। रहस्य तब और गहराने लगता है जब हम *हिन्द स्वराज* में

स्वराज्य से स्वराज पर आने के विवरणों पर नजर डालते हैं।

मूल में, शीर्षक के अतिरिक्त, स्वराज्य शब्द का प्रयोग अट्ठावन स्थलों पर किया गया है जहाँ पर उसका अनुवाद अनेक अर्थों में किया गया है : स्वशासन (सेल्फ़-रूल) या आत्म-नियन्त्रण (सेल्फ़-कण्ट्रोल), घरेलू शासन (होम रूल), सच्चा घरेलू शासन (ट्रु होम रूल), घरेलू शासन की मेरी अवधारणा (होम रूल ऑफ़ माइ कॉन्सेप्शन) आदि। अँग्रेज़ी में उल्था करते हुए स्वराज शब्द को पन्द्रह स्थलों पर बरकरार रखा गया है। १९१४ के गुजराती संस्करण के साथ स्वराज शब्द का प्रयोग मानक और प्रामाणिक बन गया। केवल दो ऐसे स्थल हैं, बीसवें अध्याय में, जहाँ स्वराज्य शब्द को पर *राज्य* के अपेक्षा रूप में बरकरार रखा गया है। आश्चर्य की बात यह है कि इस सूक्ष्म और अर्थमय बदलाव को गुजराती मूल में एक व्याख्यात्मक संकेत द्वारा घोषित किया गया था। गाँधी शब्दों और भाषा के प्रति संवेदनशील बरताव के लिए जाने जाते हैं। इसके बावजूद, अँग्रेज़ी, हिन्दी या गुजराती में कहीं पर भी इस बदलाव को लेकर स्पष्टीकरण के तौर पर एक शब्द भी नहीं कहा गया है, न गाँधी की तरफ़ से और न ही *हिन्द स्वराज* के असंख्य पाठकों की तरफ़ से। यह ख़ामोशी एक अन्य गहरी ख़ामोशी को रेखांकित करती है : *हिन्द स्वराज* की पाठीय संस्थिति में, मूल गुजराती से गाँधी के अँग्रेज़ी अनुवाद में, ख़ामोश निश्चयात्मक बदलाव। इस बदलाव के कुछ ख़ास विवरण क़रीब से देखे जाने की माँग करते हैं।

अँग्रेज़ी अनुवाद को गाँधी की सहमति से, उनके विश्वस्त शिष्य और सचिव महादेव देसाई द्वारा संशोधित किया गया था। बम्बई के थियोसॉफिकल पत्र आर्यन पाथ की सम्पादक सोफ़िया वाडिया ने इसकी प्रतियाँ यूरोप के अनेक अग्रणी लेखकों और चिन्तकों को भेजकर उनकी प्रतिक्रियाएँ आमन्त्रित की थीं। संशोधित पाठ आमन्त्रित प्रतिक्रियाओं के साथ आर्यन पाथ के एक विशेषांक (९/९, सितम्बर १९३८) में प्रकाशित किया गया था। मंशा यह थी कि *हिन्द स्वराज* पर गम्भीर बहस की शुरुआत हो। गाँधी १९१५ में भारत लौटे थे। वर्ष १९१९ से वे राष्ट्रीय आन्दोलन के प्रमुख निर्विवाद नेता रहे थे। और यह बात अविश्वसनीय लगती है कि *हिन्द स्वराज* पर गम्भीर सार्वजनिक बहस शुरू करने की यह पहली कोशिश थी। वे ख़ास कारक और भी हैरान करने वाले हैं जो उन ब्योरों में निहित

हैं जिनका ज़िक्र अभी-अभी किया गया है। *हिन्द स्वराज* पर बहस की यह पहल अँग्रेज़ी के एक ऐसे पत्र की ओर से की गयी थी जिसका उस विलक्षण राष्ट्रीय उभार से कोई ख़ास सरोकार नहीं था जिसका नेतृत्व गाँधी कर रहे थे। जिन लोगों से प्रतिक्रियाएँ आमन्त्रित की गयी थीं, उनमें एक भी भारतीय या किसी भी भारतीय भाषा की जानकारी रखने वाला व्यक्ति शामिल नहीं था। भारतीय भागीदारी की इस सम्पूर्ण और सायास अनुपस्थिति पर कोई भी प्रतिक्रियाएँ, यहाँ तक कि जिज्ञासाएँ भी, आज तक मुखरित नहीं हुईं। इस अनुपस्थिति में हल्का-सा करुणा का संस्पर्श है। गाँधी ने *हिन्द स्वराज* को गुजराती में लिखने का चुनाव करते हुए चरम सीमान्त पर स्थित एक भाषा में, और उसके माध्यम से, यह दावा करना चाहा था कि प्रत्येक मानवीय भाषा तथा जीव-योनि के भीतर 'सम्भावित निस्सीमता' सम्भव है। पाठीय संस्थिति का परिवर्तन इस साहसपूर्ण आग्रह के प्रति एक ख़ास तरह की ख़ामोशी और नकार को दर्शाता है। बाद में आर्यन पाथ में प्रकाशित संशोधित पाठ को जल्दी ही *हिन्द स्वराज* (दूसरा संस्करण, १९३९) का मानक पाठ घोषित कर दिया गया, और इस प्रकार परिवर्तित पाठीय संस्थिति को प्रामाणिकता के हस्ताक्षर के लिए समर्पित कर दिया गया।[१०]

गाँधी का *हिन्द स्वराज* पठन और उसकी अर्थवत्ता का उनका बोध मृत्युपर्यन्त स्थिर बना रहा। कहा जा सकता है कि विनम्रता उनके लिए विवेक का सार और आधार थी। इसका अर्थ था कुछ ख़ास तरह की सीमाओं की सचेत स्वीकृति जिनके परे सत्य और अहिंसा के उपासक के लिए अपनी नितान्त निश्चित प्रामाणिकता पर अडिग रहना सम्भव नहीं रह जाता, भले ही उनकी चरम सचाई में उसका विश्वास हर सम्भव संशय से परे हो। गाँधी में ऐसी प्रामाणिकता का बोध जो गहन और नितान्त अडिग जान पड़े, कठोर सार्विक अस्वीकृति के चरम अकेलेपन में भी बना-टिका रह पाता था, लेशमात्र क्रोध और हिंसा के बग़ैर। किसी अन्य में इस तरह के अकेलेपन और इस प्रकार के अन्तिम निश्चय का साथ-साथ वास बहुत आसानी से चरम विकराल रूप धारण कर सकता है।

पाठ की अन्तिम पंक्ति उकेरने के तीन दिन बाद, गाँधी ने अपने आध्यात्मिक सहचर हरमन कालेनबाख़ को *किल्डोनान* के जलपोत पर बिताये गये अपने उन दिनों के अनुभव के बारे में लिखा था कि उन्होंने ख़ुद को 'जरा-

सा भी आराम नहीं' दिया था और उस बहुत कुछ पर 'चिन्तन' किया था जिसे पूरी तरह शब्दों में बयान कर पाना मुश्किल था। एक लगभग पश्चाद्विचार जैसे उत्तरकथन में उन्होंने लिखा : 'मैंने गुजराती में एक मूल पुस्तक लिखी है।'[११] यह दावा एक विचित्र विडम्बना से भरा है। इस तरह का दावा उनके स्वभाव से मेल नहीं खाता। गाँधी द्वारा इस तरह के दावे का यह सम्भवत: एकमात्र दृष्टान्त है। स्वयं पाठ के भीतर, नवीन और मौलिक के आधुनिक पूर्वग्रह से अपनी दूरी के तीव्र अहसास को दर्ज करने को लेकर वे उद्विग्न और आग्रहशील थे। गाँधी *हिन्द स्वराज* के प्रति अपने दो समकालीनों, लियो तॉल्सतॉय और गोपाल कृष्ण गोखले का ध्यान आकर्षित करने को लेकर बहुत उत्सुक थे और उनके प्रति गाँधी के मन में श्रद्धा और गहरा आकर्षण था। तॉल्सतॉय को वे, रस्किन और कवि राजचन्द्र के साथ-साथ, उन 'आचार्यों' में शामिल मानते थे जिनका उन पर बीजक और निर्माणकारी प्रभाव था। बाकी दो 'आचार्य' अब इस दुनिया में नहीं थे। *हिन्द स्वराज* के प्रति तॉल्सतॉय का ध्यान आकर्षित करते हुए उन्होंने ख़ुद को उनका 'विनम्र अनुयायी' कहा था। जवाब में तॉल्सतॉय ने, एक 'मित्र और बन्धु' के रूप में, गाँधी के 'सविनय अवज्ञा' के उन ट्रांसवाल प्रयोगों के प्रति अपना दृढ़ समर्थन व्यक्त करते हुए दो पत्र लिखे थे जो तॉल्सतॉय की दृष्टि में समस्त मानवप्रजाति और काल के हर सन्दर्भ में सार्विक महत्त्व रखते थे।[१२]

गाँधी गोखले को अपना 'राजनैतिक गुरु' मानते थे। गाँधी अक्सर राजनैतिक मसलों पर मार्गदर्शन और समर्थन के लिए उनकी ओर मुड़कर देखते थे। गोखले अपने इस राजनैतिक शिष्य के बारे में लगभग श्रद्धा को छूती सराहना से बात करते थे : ऐसा '...विशुद्ध, गरिमामय, साहसी और उत्कृष्ट मनस्वी धरती पर कभी नहीं देखा गया।'[१३] *हिन्द स्वराज* पर गोखले को लिखा गया गाँधी का पत्र सुचिन्तित चौकन्नापन लिये हुए है। वे गोखले को यह स्पष्टीकरण देते हुए शुरुआत करते हैं कि 'पुस्तिका' में 'व्यक्त' विचार पूरी तरह से 'निजी' हैं और ट्रांसवाल संघर्ष से उनका कोई 'लेना-देना नहीं' है। गोखले को इस बारे में भरोसा दिलाना भी गाँधी को ज़रूरी लगा कि *हिन्द स्वराज* में व्यक्त विचारों पर उनका सचमुच विश्वास है कि वे 'युक्तिसंगत' ('साउण्ड') हैं और अवसर मिलने पर वे अपने तर्क को स्वयं 'स्पष्ट' करना चाहेंगे।[१४] गोखले और उस वक़्त

से आज तक के ज़्यादातर शिक्षित भारतीयों के लिए, *हिन्द स्वराज* की शब्दावली और तर्क का सामना करने में भीषण कठिनाई महसूस होती थी। वे ख़ुद को यह स्वीकार करने के लिए ही तैयार नहीं कर सके कि जो कुछ गाँधी ने छपाया उसमें उनका वाक़ई विश्वास भी हो सकता है। महादेव देसाई के अनुसार, "जब गोखले ने १९१२ की दक्षिण अफ़्रीका की अपनी यात्रा के दौरान, वह अनुवाद देखा, तो उनको वह इस क़दर अनगढ़ और जल्दबाज़ी में बनी अवधारणा प्रतीत हुई कि उन्होंने भविष्यवाणी की कि गाँधी भारत में साल भर बिताने के बाद स्वयं ही उसको नष्ट कर देंगे।"[१५]

अपने जीवन के आख़िरी वर्षों में, गाँधी ने अपने अभीष्ट 'राजनैतिक उत्तराधिकारी, जवाहरलाल नेहरू के साथ, जैसी कि उनको उम्मीद थी, एक गम्भीर वार्तालाप शुरू करने की उम्मीद से नेहरू को लिखा था (२ अक्टूबर, १९४५)। *हिन्द स्वराज* के मूल तर्क को लेकर गाँधी अपने अभीष्ट उत्तराधिकारी के बीच की बेलोच ज्ञानात्मक दूरी से भलीभाँति परिचित थे। ऐसा प्रतीत होता है कि *हिन्द स्वराज* और उसका मूल तर्क उनके आत्मीय और अत्यन्त महत्त्वपूर्ण रिश्ते के दौरान कभी भी उभरकर सामने नहीं आया। इस पर चर्चा के सबसे क़रीब वे सम्भवतः मद्रास के काँग्रेस अधिवेशन (१९२७) के दौरान आये थे, जब नेहरू ने गाँधी को इसपर मनाने की कोशिश की थी कि काँग्रेस की आस्था-घोषणा में 'स्वराज' शब्द के स्थान पर 'पूर्ण स्वाधीनता' पद का इस्तेमाल किया जाय, क्योंकि 'विश्व' को 'स्वराज' शब्द का कोई मतलब नहीं निकाल पायेगा। गाँधी ने अपनी आस्था और व्याख्या-विधा के अनुरूप स्पष्ट किया कि वे 'पूर्ण स्वाधीनता' के पक्षधर हैं, लेकिन 'सबके' लिए 'स्वराज' के मात्र साधन के रूप में।

गाँधी के पत्र का नेहरू का जवाब अधीर तिरस्कार से भरा था। उन्होंने माना कि उनको *हिन्द स्वराज* की किंचित् धुँधली-सी स्मृति थी, जिसे उन्होंने बीसेक साल पहले उसे पढ़ा था। लेकिन नेहरू निश्चित थे कि उसका तर्क 'पिछड़ेपन के रोमाण्टिक मिथक' से ज़्यादा कुछ भी नहीं है। एक शालीन सम्भावना के रूपक के तौर पर गाँव के गाँधी के आह्वान से उनको हैरानी होती थी। नेहरू के लिए, 'गाँव' एक ऐसी संकुचित जड़ीभूत जगह और चेतना का अर्थ देता था जिसको आधुनिक विकास के साँचे में नये सिरे से ढाला जाना ज़रूरी था। गाँधी ने दृढ़तापूर्वक कहा, जैसा कि वे

पहले भी कई बार कह चुके थे, कि वे उस तर्क पर पूरी तरह अडिग हैं जो उन्होंने पहली बार १९०९ में पेश किया था। उन्होंने स्वीकार किया कि बहुत सम्भव है कि उसमें विश्वास रखने वाले वे अकेले व्यक्ति रह जायें। लेकिन यह कभी भी सत्य के उस रूप के परित्याग या अस्वीकार की वजह नहीं बन सकेगी जिस रूप में उन्होंने उसका साक्षात्कार किया है। जो भी हो, अपनी मानवीय सीमाओं के भीतर वे इतना ही कर सकते हैं कि वे उस 'सत्य की गवाही' दें और 'सिर्फ़ उस रूप में जिसमें उन्होंने उसको जाना'। बिल्कुल सम्भव है कि हिन्दुस्तान, बाक़ी दुनिया की ही तरह, आधुनिकता के 'पतिंगे जैसी चकरघिन्नी' में प्रवेश कर 'आत्मविनाश' की ओर चला जाये। उनका कर्तव्य था कि 'इस नियति से भारत की और उसके माध्यम से दुनिया की रक्षा' के लिए जो कुछ भी उनके वश में था उसे करना वे जारी रखें।[१६]

इस बिन्दु पर गाँधी के 'राजनैतिक गुरु' और 'राजनैतिक उत्तराधिकारी' दोनों के द्वारा *हिन्द स्वराज* के अधैर्यपूर्ण तथा किसी क़दर असमंजस-मय निरपेक्ष तिरस्कार के अर्थ और परिणामों के बारे में सवाल उठाया जा सकता है। ये दोनों लोग औपनिवेशिक शासन से मुक्ति के उनके राजनैतिक संघर्ष में न सिर्फ़ गाँधी के बहुत क़रीब के कॉमरेड थे, बल्कि वे उनकी असाधारण मानवीय उपस्थिति के प्रति बहुत गहरा आकर्षण भी महसूस करते थे। यह 'तिरस्कार' दोनों तत्त्वों को इंगित करता है—सार्वजनिक जीवन में संघर्ष के बीच सच्चा ईमान और स्वायत्तता, तथा एक विशिष्ट बोधपरक समापन। तिरस्कार के माध्यम से गोखले और नेहरू लगभग उस सब कुछ के साक्ष्य के रूप में सामने आ रहे थे जिसे गाँधी 'अँग्रेज़ी में शिक्षित' भारत की संज्ञा देते थे। गाँधी के लिए *हिन्द स्वराज* में आस्था स्वतन्त्रता संग्राम का नेता बने रहने के लिए एक बुनियादी मुश्किल और उसमें निहित गम्भीर विरोधाभास से निपटना ज़रूरी था। वे जानते थे कि भारत एक खण्डित इकाई थी, भले ही उसमें निष्ठा रखने वाले उसके सेवकों को उसमें कितनी भी भव्य सम्भावनाएँ क्यों न दीखती हों। लेकिन साथ ही वह एकमात्र ऐसी धरा और वंशावली भी थी जहाँ से वे युगधर्म की ज़रूरतों, अर्थात् अपने समय के प्रति और उसके भीतर अर्थवत्ता की कुछ अंश में सही खोज और पुष्टि कर सकते थे : कर्तव्य और सत्य। अँग्रेज़ी में शिक्षित भारत के लिए *हिन्द स्वराज* को स्वीकृति देने का अर्थ एक ऐसी जीवन-स्थिति का

मूल्यनिर्धारण करना था जो यूरोपीय प्रौद्योगिकी तथा राजनैतिक-सामाजिक संगठन के उच्चतर पराक्रम के समक्ष हमेशा-हमेशा के लिए असहाय, लाचार बनी रहने वाली थी। गाँधी जानते थे कि आधुनिक सभ्यता से अनछुआ भारत अपने बूते पर कभी भी आधुनिक पराक्रम का न तो मुक़ाबला कर सकेगा और न उससे अपने अस्तित्व की रक्षा कर सकेगा। आधुनिक संवेग एक ऐसी परकातरता से प्रेरित था जो किसी व्यक्ति या वस्तु को अकेला और अछूता छोड़ देने का साहस कर ही नहीं सकती थी। इसी का परिणाम था यह विरोधाभास : आधुनिकता के टकराव से उपजी आपदा का सामना करने और उससे जूझने के लिए ज़रूरी जीवनी-शक्ति और युक्तियों को अँग्रेज़ी शिक्षित भारत में तलाशने की अनिवार्यता।

भारत में *हिन्द स्वराज* के बुनियादी तर्क के संज्ञानात्मक समापन के सन्दर्भ में दो महत्त्वपूर्ण अपवाद विचारणीय हैं : रवीन्द्रनाथ ठाकुर (१८६१-१९४१) और आनन्द केण्टिश कुमारस्वामी (१८७७-१९४७)। उन्नीसवीं सदी के आरम्भिक वर्षों में गाँधी और ठाकुर के बीच हुई बहस सीधे-सीधे *हिन्द स्वराज* के बारे में नहीं थी। दरअसल, जलियाँवाला बाग हत्याकाण्ड की दर्दनाक छाया के बावजूद तीव्र उत्कण्ठा और दार्शनिक संवेदना के साथ की गयी उस शानदार और अनूठी बहस में *हिन्द स्वराज* का एक भी विशिष्ट उल्लेख नहीं था। उसका तर्क तो स्वतन्त्रता के उस महानतम यूरोपीय आश्वासन के सन्दर्भ में और उसके अन्तर से स्वराज के अर्थ को समझने का था। टैगोर ने संस्थाओं के आधुनिक रूपों–जिनमें स्वतन्त्रता के राष्ट्रीय आन्दोलन का सांस्थानिक रूप भी शामिल था–को दोहराव, कठोर अनुशासन, और संरूपता के वाहक, और इसीलिए 'सनातन' भारत का निषेध, कहकर उनके प्रति अपनी आशंकाओं को स्वर दिया था। गाँधी का मानना था कि दोहरावपरक नियमबद्धता और एक तरह का कठोर अनुशासन तो तमाम संस्थाओं की अनिवार्यता होती है। लेकिन हमारे समय में स्वराज के लिए सबसे बड़ा संकट है एक ऐसी नियमबद्धता जिसे कठोर अनुशासनयुक्त मशीन द्वारा स्थापित सर्वग्राही शासन-प्रणाली तैयार कर रही है, जो उत्तरोत्तर ताक़तवर होती जा रही है। कुमारस्वामी का हस्तक्षेप इस बहस में और भी परोक्ष था, हालाँकि वह कम महत्त्वपूर्ण नहीं था। उन्होंने भारतीय सौन्दर्य-पद्धति के रक्षक के रूप में बात की। स्वराज के आश्वासन और आधार के रूप में रोज़मर्रा के हस्तकौशल में निहित

'चिन्तनपरकता' को लेकर कुमारस्वामी की गम्भीर और दूरद्रष्टा चिन्ता उनको, विशेष रूप से, *हिन्द स्वराज* के अटल सरोकारों से जोड़ती थी।[९७]

लक्षित और अलक्षित के बीच का, या देखे गये और जल्दी ही भुला दिये गये के बीच का अन्तराल अत्यन्त तरल हो सकता है। वह हमारी दृष्टि के क्षितिज में आने वाले किसी ख़ास क्षण या घटना से परे स्थित ध्यान की संरचना पर आधारित होता है। गाँधी के बारे में कहा जा सकता है कि अगर वे विदेशी शासन के ख़िलाफ़ लाखों लोगों को एकजुट करने वाले ऐसे दुर्धर्ष संगठनकर्ता न होते, तो भारत में या बाक़ी दुनिया में उन पर ध्यान देने वाले या उनको याद करने वाले बहुत लोग निश्चित ही न होते। लेकिन गाँधी दूसरे राजनेताओं से भिन्न थे। राजनीति की प्रभावशीलता या सफलता उनके लिए कोई विशेष माने नहीं रखती थी। इसी के साथ-साथ तात्कालिक संघर्ष या तात्कालिक उद्यम उनमें एक ऐसी त्वरा और अपरिमित समर्पण जगाते थे जो लोगों के दिलों पर गहरा प्रभाव डाल उनको प्रेरणा से भर देते थे। गाँधी जानते थे कि शुद्ध श्रद्धा-भाव से उनके पीछे चलने वाले लाखों लोगों की तरह उनके निष्ठावान शिष्य भी *हिन्द स्वराज* के बुनियादी तर्क में बहुत कम विश्वास रखते हैं। यह अध्यात्म के स्तर को छूता अकेलापन है। इसके साथ निरन्तर वास करते हुए इससे पार पाने का गाँधी का कौशल सुविचारित सहज संयम के साथ *हिन्द स्वराज*, काँग्रेस तथा ब्रिटिश राज से मुक्ति के आन्दोलन के सम्बन्ध के बारे में दिये गये उनके स्पष्टीकरण में व्यक्त होता है :

> मैं पाठक को इस विचार के विरुद्ध सचेत करना चाहूँगा कि मैं उस स्वराज की ओर बढ़ रहा हूँ जिसका वर्णन इसमें किया गया है। मैं जानता हूँ कि हिन्दुस्तान अभी इसके लिए योग्य नहीं है। ऐसा कहना एक धृष्टता लग सकती है। लेकिन आज मेरी संगठित गतिविधि निस्सन्देह, हिन्दुस्तान की जनता की इच्छाओं के अनुरूप, संसदीय स्वराज के लिए समर्पित है।[९८]

हिन्द स्वराज को यूरोप में कुछ हद तक अलग ढंग से देखा गया था। यूरोप की निगाह में इसकी समझ के बारे में दो पृथक् सूत्रों के सहारे बात की जा सकती है : राजनैतिक-बौद्धिक मुख्यधारा और यूरोपीय जीवन के हाशियों पर स्थित राजनैतिक-धार्मिक असहमति। *हिन्द स्वराज* पर आर्यन पाथ में प्रकाशित प्रतिक्रियाएँ इस बात का पर्याप्त संकेत हैं कि *हिन्द*

स्वराज को, युद्ध के ठीक पहले, यूरोप में किस तरह देखा गया था। शुरू में ही यह उल्लेख कर देना उचित होगा कि इनमें से कोई भी प्रतिक्रिया किसी राजनेता की ओर से नहीं थी। हम यहाँ तक भी कह सकते हैं कि अँग्रेज़ी राजनीति में विचारणीय जगह रखने वाले किसी भी व्यक्ति के पास *हिन्द स्वराज* के बारे में कहने के लिए कुछ भी नहीं था। लेकिन अँग्रेज़ी में शिक्षित भारत से भिन्न, मुख्यधारा के बौद्धिकों और चिन्तकों ने *हिन्द स्वराज* को पढ़ने और उसके तर्क पर गम्भीरतापूर्वक प्रतिक्रिया करने का श्रम किया था। फ़ेबियन समाजवादी और इतिहासकार जी. डी. एच. कोल ने कहा कि *हिन्द स्वराज* एक विचलित कर देने वाली 'पुस्तक' है लेकिन उस पुस्तक का गाँधी 'पश्चिम में एक नेता नहीं बल्कि ज़्यादा से ज़्यादा एक शहीद ही हो सकता था।' गहरे धार्मिक और ग़ैररूढ़िवादी ईसाई जॉन मिडिलटॅन मरे ने *हिन्द स्वराज* को 'आध्यात्मिक क्लासिक' और 'आधुनिक युग' में लिखी गयी 'महानतम पुस्तक' कहा। उसकी उलझन यह थी कि ऐसी पुस्तक लिखने के बाद भी गाँधी ने राष्ट्रीय आन्दोलन का साथ देने का चुनाव किया, और इस तरह अपनी अहिंसा को एक मशीन जैसी चीज़ में, दबाव पैदा करने वाले एक उपकरण में, घटा दिया। इन तमाम प्रतिक्रियाओं में दो आकलन ध्यान देने योग्य हैं। पहला, अहिंसा का अर्थ और प्रासंगिकता एक और महायुद्ध के साँचे में, जिसे दुनिया जीतने-अधीन बनाने के अपने उग्र संकल्प के तहत नाज़ी जर्मनी और उसके फ़ासिस्ट सहयोगी निश्चित ही दुनिया पर थोपने वाले थे। अहिंसा और स्वराज गाँधी जैसे असाधारण व्यक्ति के लिए ही और नितान्त निजी सन्दर्भ में ही साकार हो सकते थे। लेकिन समूह के सन्दर्भ में स्वराज लगभग असम्भव था। दूसरा, और भी दुखद यह था कि मशीन को आधुनिक सभ्यता के आधार-बिन्दु और रूपक के तौर पर पेश करने के आवेग में गाँधी नाज़ी दैत्य और पश्चिम के निश्चित ही दोषपूर्ण उदार प्रजातन्त्रों के बीच सम्यक् नैतिक भेद करने में विफल रहे।[१९]

कुछ थोड़े से असहमत ग़ैररूढ़िवादी यूरोपीय, जो गाँधी के निकट निजी सम्पर्क में आये थे, *हिन्द स्वराज* के प्रति एक बिल्कुल अलग ही तरह की प्रतिक्रिया दर्शाते हैं। इनमें हेनरी पोलाक और केलेनबाख़ सबसे अग्रणी थे। यह पोलाक ही थे जिन्होंने गाँधी को वह पुस्तक दी थी जो बाक़ी जीवन भर उनके साथ रही : रस्किन की *अनटु दिस लास्ट*। हैम्पसटीड उद्‍बोधन,

जहाँ पहली बार *हिन्द स्वराज* की विषयवस्तु की रूपरेखा प्रस्तुत की थी, की एक शुद्ध और समावेशी संक्षेपिका पोलाक को लिखे गाँधी के पत्र में अंकित की गयी थी। केलेनबाख़ के समक्ष गाँधी ने यह स्वीकार किया था कि *हिन्द स्वराज* में उन्होंने कुछ ऐसा लिखा है जो साधारण से नितान्त परे की चीज़ है। तॉल्सतॉय को लिखे गये पत्र में गाँधी ने केलेनबाख़ के आध्यात्मिक अनुभव को स्वयं इस रूसी सन्त के अनुभव के समान कहा है। गाँधी का जिस आत्मीय आध्यात्मिक बराबरी के बन्धुत्व में केलेनबाख़ और पोलाक के साथ साझा रहा वैसा होने का भारत के सन्दर्भ में दावा वे नहीं कर सकते थे।

स्वाधीन भारत में गाँधी की उपस्थिति दीर्घकालिक और अभिभूत करने वाली रही है। उनकी तस्वीरें, उनकी मूर्तियाँ, उनका नाम, सब कुछ सर्वत्र दिखायी देते हैं। हर तरह के महत्त्वपूर्ण सार्वजनिक कार्यक्रमों और अवसरों पर उनको याद किया जाता है; जितना चुने गये शासकों द्वारा उतना ही आम नागरिकों द्वारा। स्वाधीन भारत के शुरुआती दो दशकों के बौद्धिक विमर्श में गाँधी मात्र एक विशाल जनआन्दोलन खड़ा करने वाले तथा साम्प्रदायिक सौहार्द के दिव्य सन्देशवाहक के अर्थ और सन्दर्भ में ही दिखायी पड़ते थे। इस अनुपस्थिति में यह बोध व्यापक और अन्तर्निहित था कि गाँधी में आधुनिक यथार्थ के प्रति एक आश्चर्यजनक मासूमियत के साथ-साथ अपरिमित अच्छाई मौजूद थी। और इस बात का इस छोटी-सी पुस्तक *हिन्द स्वराज* से बेहतर दूसरा कोई उदाहरण नहीं है। यह असामान्य-सी लगती बात है कि राजनैतिक मुख्यधारा के एक सक्रिय राजनीतिज्ञ राममनोहर लोहिया एकमात्र ऐसे व्यक्ति थे जिन्होंने गाँधी के साथ उनके *हिन्द स्वराज* पर एक गम्भीर बौद्धिक संवाद का निरन्तर प्रयास किया। उनका भविष्यदर्शी निबन्ध, 'इकोनॉमिक्स आफ्टर मार्क्स', *हिन्द स्वराज* पर उस समय की एकमात्र सार्थक बौद्धिक टिप्पणी है।[२०]

गाँधी को लेकर ध्यान-संरचना और वहाँ से फिर धीरे-धीरे *हिन्द स्वराज* को लेकर कुछ अर्थपूर्ण और सूक्ष्म बदलाव की शुरुआत सत्तर के दशक के आसपास हुई। दो बहुत अलग स्रोतों से आये और बिल्कुल अलग पहचान रखने वाले तथ्य इस बदलाव को रूप देते प्रतीत होते हैं। पहला, वह नया-नया जन्मा सरोकार जो संयुक्त राज्य अमेरिका में 'पारिस्थितिकी और पर्यावरण' की अवधारणा के रूप में सामने आया। इसका सबसे

महत्त्वपूर्ण पक्ष, पृथ्वी को थामने और सम्पूर्ण जीव-जगत का पोषण करने वाली कुछ निश्चित मर्यादाओं की अन्तर्निहित भंगुरता के नाते कुछ निश्चित सीमाओं को अन्तिम और अपरिवर्तनीय रूप में पहचानना था। सीमा की अपरिवर्तनीयता और अन्तिमता के विचार को तब तक अपकर्षकारी अन्धविश्वास के रूप में देखा जाता था। दूसरा, स्वतन्त्रता का सम्यक् बोध जो उस आपातकाल की अधीनता में लुप्त हो गयी थी, जिसने उस संवैधानिक ढाँचे को ही लगभग ढहा दिया था जो 'संसदीय स्वराज' को थामे था।

हिन्द स्वराज का पाठ अँग्रेज़ी और अन्य अनेक भाषाओं में व्यापक रूप से प्रसारित था। वह आसानी से उन सस्ती पुस्तिकाओं में उपलब्ध था जो गाँधी द्वारा स्थापित किये गये प्रकाशनगृह नवजीवन से प्रकाशित होती थीं। आप इसे उन संचयनों में और, नेहरू द्वारा आरम्भ किये गये साहित्य के असाधारण अभिलेखीय निष्पादन, *कलेक्टेड वर्क्स* में, पढ़ सकते थे, जो भारत और दुनिया के प्रमुख पुस्तकालयों के सेल्फ़ों में रखे रहते थे। जिस पैमाने पर यह उद्यम किया गया था (१०० खण्ड) वह और उसकी सम्पादकीय सावधानी (के. स्वामीनाथन और सी. एन. पटेल) सचमुच अतुलनीय है। राघवन अय्यर ने अपनी पुस्तक *सिलेक्शन ऑफ़ गाँधी'ज़ राइटिंग*[२१] (तीन खण्ड) में *हिन्द स्वराज* को प्रमुख जगह दी थी। भीखू पारेख मूल पाठ और गाँधी द्वारा किये गये उसके उल्था की विस्तार से तुलना करने पर अक्सर ज़ोर देते रहे हैं। इस सबके बावजूद *हिन्द स्वराज* गम्भीर रूप से एकाग्र शोधपरक अवधान के योग्य पाठ के रूप में फिर भी नहीं देखा गया। इस अनुचित स्थिति में बदलाव लाने वाला पहला विचारशील कदम था एन्थॅनी जे. परेल की पुस्तक *गाँधी : हिन्द स्वराज एण्ड अदर राइटिंग्स* का प्रकाशन।[२२]

परेल का निष्पादन कई मायनों में सराहनीय और महत्त्वपूर्ण है। सबसे महत्त्वपूर्ण है उनका इस सवाल की ओर ध्यान खींचना कि अन्तिम पाठ कौन सा है, गुजराती मूल या गाँधी द्वारा किया गया उसका अँग्रेज़ी उल्था। वे इस निश्चयात्मक टीप के साथ शुरुआत करते हैं कि विमर्श और सन्दर्भ के लिए अन्तिम पाठ अँग्रेज़ी का रहा है। इसी के साथ, वे पहले संस्करण (१९१०) को अँग्रेज़ी पाठ के मूल सन्दर्भ के रूप में स्थापित करते हैं। ऐतिहासिक परिप्रेक्ष्यों, जीवनीपरक सन्दर्भों, और समकालीन राजनीति

तथा राजनैतिक घटनाओं को लेकर उनकी टीपें बहुत ही समावेशी हैं। अपनी भूमिका में और टीपों में वे एक-एक विवरण के साथ उन अध्ययनों और प्रभावों का हवाला देते चलते हैं जिनने पाठ को और गाँधी को आकार देने में भूमिका निभायी। गाँधी पर केन्द्रित पाँच पृष्ठों के परिशिष्ट में परेल ने 'सप्लीमेण्टरी राइटिंग्स' शीर्षक से *हिन्द स्वराज* से सम्बन्धित विचार-विनिमय तथा टिप्पणियों को शामिल किया है। *हिन्द स्वराज* की हमारी इस प्रस्तुति[२३] में सबसे बड़ी चिन्ता गुजराती मूल की अर्थपरक भाषिक लय और अँग्रेज़ी अनुवाद 'उल्था' के बीच के मौन संवाद की पुनर्प्रतिष्ठा करने की है। क्या इस बिन्दु पर, परिपूर्ण समरूपता की आकांक्षा करती अनुकारपरक प्रतिध्वनि के रूप में 'ट्रांसलेशन' के कर्म को चिह्नित और रेखांकित करने के लिए 'ट्रांसलेशन' शब्द के साथ इसके गुजराती-हिन्दी पर्याय *अनुवाद*–मूल की स्मृति में एक धीमा-सा उच्चारण–को रखने का कोई अर्थ बनता है।[२४]

हिन्द स्वराज की हमारी इस प्रस्तुति में निहित उद्देश्य दो भाषिक-ज्ञानात्मक प्रश्नों से उलझना है : पहला, *हिन्द स्वराज* की ठीक संस्थिति कहाँ पर है, और दूसरा, उस पाठीय संस्थिति के संघटनात्मक अवयव। हम १९१० के संस्करण को मूल सन्दर्भ के रूप में लेते हैं। इस तरह तीन धुरियाँ हैं जिनके सन्दर्भ में अँग्रेज़ी का पाठ प्रस्तुत है : हाशिये की टिप्पणियाँ, पादटिप्पणियाँ और मूल गुजराती का हिन्दी अनुवाद। हाशिये की पादटिप्पणियाँ गुजराती मूल की कुछ विशिष्ट अभिव्यक्तियों, पदों और परिच्छेदों का वैकल्पिक अनुवाद/पठन उपलब्ध कराती हैं। इसके अलावा, ये हाशिये की पादटिप्पणियाँ गुजराती मूल की उन कुछ विशिष्ट अभिव्यक्तियों, पदों और अंशों का अनुवाद उपलब्ध कराती हैं जो गाँधी द्वारा किये गये अँग्रेज़ी उल्था में छोड़ दिये गये थे। पादटिप्पणियाँ उन कुछ विशिष्ट आलोचनात्मक दार्शनिक कोटियों-अवधारणाओं के संकेत उपलब्ध कराती हैं जो अपने में कुछ अद्वितीय-अनूठी व्यंजनाएँ, और कुछ विशिष्ट ऐतिहासिक-राजनैतिक तथ्यों को समेटे प्रतीत होती हैं। अँग्रेज़ी उल्था में गाँधी ने जो पद और परिच्छेद जोड़े थे, उनको भी पादटिप्पणियों में अंकित किया गया है। इसके अतिरिक्त पादटिप्पणियाँ १९२१ के पुनर्मुद्रित पाठ में तथा १९३९ के अधिकृत मानक दूसरे संस्करण में किये गये अनेक मामूली परिवर्तनों को चिह्नित करती हैं। टीकाओं तथा अँग्रेज़ी

उल्था को समाहित करते पाठ के साथ गुजराती मूल के हिन्दी अनुवाद को रखने के पीछे उद्देश्य विभिन्न भाषाओं के बीच एकमात्र और परम मध्यस्थ होने के अँग्रेज़ी के दावे को किंचित् हल्का करना है। गुजराती मूल की व्यंजनाएँ तथा लय हिन्दी अनुवाद में ऐसी सहज बरकरार हैं जैसा कि अँग्रेज़ी अनुवाद में हो नहीं सकता। हमारा यह दावा नहीं है कि हमारा अनुवाद उतना श्रेष्ठ है जितना कि वह हो सकता था, इसके बावजूद कि हम यह महसूस करते हैं कि यह मौजूदा अनुवाद से बेहतर है। जिस नुक़्ते को हम रेखांकित करना चाहते हैं वह महज़ इतना है कि अनुवाद के रूप में यह उस चीज़ का एक उदाहरण है जिसे हमने ऊपर 'परिपूर्ण समरूपता की आकांक्षा करती अनुकारपरक प्रतिध्वनि' कहा है, उतनी ही निकट और अविकल जितने कि भाषा के दो विश्वों में शब्द हो सकते हैं।

हिन्द स्वराज की अपनी इस प्रस्तुति के प्रति पाठक को आमन्त्रित करने से पहले हम उसके पाठ की अपनी समझ, उसकी रूपात्मक बुनावट, ज्ञानात्मक संरचना और उसके पठन के सम्भावित तरीक़े पर कुछ कहना चाहेंगे। सबसे पहले तो यह कि, हम स्पष्ट तौर महसूस करते हैं कि इस पाठ के टिकाऊ अर्थ को उसके विशिष्ट विवरणों, तथ्यों या उसमें उठाये गये मुद्दों के परिप्रेक्ष्य में नहीं, बल्कि बोध-प्रक्रिया और प्रतिपादन के उसके विशेष ढंग के परिप्रेक्ष्य में ही समझा जा सकता है। यह वह विधा और बोध-प्रक्रिया है जिसकी उपज-भूमि और आर्थी विश्व आधुनिक विमर्श के सीमान्त से परे स्थित है। वह इस दृष्टि से असामान्य है कि वह यूरोप से बाहर की दुनिया की वैविध्यपूर्ण विशालता के भीतर से, एक तथ्य और एक सम्भावना के रूप में, आधुनिक संवेग के अर्थ और मूल्य की पैमाइश करने का अकेला उद्यम है। आधुनिकबोध के अन्तर्गत, उसके सीमान्त से परे या उससे पहले के जीवन चिन्तन के भीतर किसी भी ऐसी चीज़ या परिस्थिति को समझ पाने का सामर्थ्य जुटाना असम्भव है जो उस जीवन-क्रिया में अज्ञात रही हैं, या जो उसके जीवन का हिस्सा नहीं रही हैं। इससे भी बदतर यह कि जिसे उन्होंने जिया है या जिनमें उनकी आस्था रही है, उनकी समझ भी वहीं तक सम्भव है जहाँ तक उनके अर्थ वास्तविक अनुभव में चरितार्थ हुए हों। इसी का परिणाम है आधुनिक हठधर्मिता : आधुनिक-पूर्व का सत्य और अर्थवत्ता की समझ और अंकन भी आधुनिकबोध की कोटियों और वैधीकरण के भीतर से ही सम्भव

है। *हिन्द स्वराज* में निहित तर्क इस दावे को पूरी दृढ़ता के साथ सिरे से ख़ारिज करते हुए आगे बढ़ता है। *हिन्द स्वराज* में गाँधी का रुख़ भारतीय वैश्विकी के सन्दर्भ में भी विशिष्ट है। रवीन्द्रनाथ ठाकुर के साथ हुई सत्य और स्वराज सम्बन्धी उस महान् बहस में गाँधी बाइबल की उस उपमा का स्मरण करते हैं जिसमें सोलोमन के आभामण्डल के बरक्स खेत में खड़ी कुमुदनी के सौन्दर्य की भव्यता को इंगित किया गया है। और इस तरह सभ्यता को रोज़मर्रा जीवन कर्म के भीतर से सत्य को जानने, पुष्टि करने के एक नाज़ुक माध्यम के रूप में स्थित कर हुए गाँधी ने सच से प्रेरित कर्म को कर्तव्य या धर्म की कसौटी के रूप में प्रतिष्ठित किया।

हिन्द स्वराज में बोध-प्रक्रिया की रचना-धुरी को समझने के लिए, नीचे अंकित कथन विचारणीय हैं। चीज़ों की गुणवत्ता को मूल्य और सार्थकता का पैमाना बनाने में आधुनिक सभ्यता अन्ततः मनुष्य के स्थान पर चीज़ों को ही मूल्य और हैसियत के स्थल और निर्णायक के रूप में स्थापित करती है। दूरद्रष्टा दार्शनिक-नृवैज्ञानिक पियरे लेज़ेण्ड्रे के शब्दों में कहें तो, *हिन्द स्वराज* के तर्क की 'पारिभाषिक' (dogmatique) धुरी चिह्नित करने वाला कथन कह सकते हैं।[२५] किसी विशिष्ट पारिभाषिक धुरी या आधार के अभाव में सार्थक निरूपण की कल्पना नहीं की जा सकती। *हिन्द स्वराज* के तर्क के तमाम दूसरे तत्त्वों की सचाई और प्रामाणिकता इसी धुरी पर टिकी हुई है। *हिन्द स्वराज* का तर्क वस्तुओं के विरुद्ध नहीं है। उसमें इस बात की स्वीकृति है कि वस्तुओं की उपस्थिति और उनको अर्जित करने की सामर्थ्य को मनुष्य की जीवनचर्या से अलग नहीं किया जा सकता। लेकिन उसका निरपेक्ष आग्रह है कि मानवीय उपस्थिति की हैसियत का वस्तु-अर्जन की सामर्थ्य या गुण-क्षमता से कोई सम्बन्ध नहीं है। *हिन्द स्वराज* के सन्दर्भ में प्रतिपादन की यह विधा सबसे ज़्यादा ध्यान देने योग्य है। इस प्रसंग में वकीलों के बारे में *हिन्द स्वराज* के कथन पर ध्यान दें :

- 'क़ानूनी अदालतों के बग़ैर' ब्रिटिश हुकूमत जारी नहीं रह सकती थी।
- वकीलों के बिना 'अदालतें खड़ी न की जा सकी होतीं'।
- वकीलों ने 'भारत को ग़ुलाम बनाया'।
- वकील 'भी मनुष्य' हैं और 'मनुष्य जाति के नाते उनसे कुछ तो

अच्छा होता ही है'।[२६]

आधुनिक सभ्यता और औपनिवेशिक क़ानून की निन्दा, उनकी सांस्थानिक बनावट तथा उनके विमर्श के स्तरों पर, एकदम निरपेक्ष और संशयमुक्त है। लेकिन वकील मनुष्य हैं और मनुष्य योनि के कारण उनमें किसी हद तक कुछ अच्छा करने की सामर्थ्य और प्रवृत्ति बची रहती है। और अच्छा कर पाने की सामर्थ्य और प्रवृत्ति, किसी हद तक, सिर्फ़ निजी दुनिया के सन्दर्भ में ही नहीं सांस्थानिक-व्यावसायिक सन्दर्भ में भी खरी रहती है। यह मनुष्य के जीवन में उस अखण्डनीय स्वायत्त जगह की विशिष्ट उपस्थिति को दर्शाती है जिसका उन्मूलन किया नहीं जा सकता।

हिन्द स्वराज के बुनियादी तर्क को समझने के लिए उसकी कोटियों और निरूपणों के अर्थ को उसके प्रतिपादन की विधा की निरन्तरता में देखना ज़रूरी है। हम *हिन्द स्वराज* को तीन अर्थपरक कोटियों या आधारों के सन्दर्भ में प्रस्तुत निरूपण या तर्क के रूप में देख सकते हैं : सुधारो, सत्याग्रह और स्वराज। इन कोटियों की अर्थपरक अवस्थिति स्पष्ट रूप से भारतीय वैश्विकी में है। अँग्रेज़ी में इन कोटियों की पुनर्प्रस्तुति के लिए कई शब्द इस्तेमाल किये गये हैं। मसलन : 'सुधारो' के लिए, civilisation, ancient civilisation, reform, change, progress; 'सत्याग्रह' के लिए, passive resistance, non-violence, soul-force, truth-force, satyagraha; 'स्वराज' के लिए, self-government, Home or self-rule, self-rule or self-control, Home-rule, True Home-rule, real home-rule, Self-rule or Home-rule, true nature of Home-rule, Indian Home-rule of my conception और swaraj. इस सन्दर्भ में दो बातें हैं जो इन कोटियों की भारतीय अवस्थिति के प्रतीक के रूप में प्रमुख हैं; पहली, गुजराती मूल में जिस अर्थ की अभिव्यक्ति के लिए एक शब्द का प्रयोग किया गया है, उसके लिए अनेक सजातीय पदों का प्रयोग; दूसरी, दो प्रसंगों में अँग्रेज़ी के शब्दों में सटीक पुनर्प्रस्तुति की तलाश अन्त में जाकर मूल शब्द को उसके लिप्यन्तरण में रख देने पर ख़त्म होती है। गाँधी द्वारा प्रयुक्त शब्द 'सुधारो' इसका अपवाद है।

'सुधारो' शब्द और उसका वह अर्थ जिसमें गाँधी ने इसका प्रयोग *हिन्द स्वराज* में किया है, बहुत ही सावधानी के साथ विचार किये जाने की माँग

करते हैं। यह वह शब्द है जिसका प्रयोग लगभग तमाम भारतीय भाषाओं में reform, correction और improvement की अवधारणा को व्यक्त करने के लिए किया जाता है। civilisation के लिए ज़्यादातर भारतीय भाषाओं में प्रचलित और सार्वभौमिक तौर पर मान्य शब्द है *सभ्यता*। गुजराती में, जैसे कि अन्य भारतीय भाषाओं में भी, सभ्यता की अवधारणा को व्यक्त करने के लिए 'सुधारो' शब्द का यह नितान्त एकमात्र प्रयोग है, जो न तो *हिन्द स्वराज* और गाँधी के पूर्व कभी किया गया था, और न उनके बाद किया गया है।[२७] *हिन्द स्वराज* के तर्क के निरूपण में एक अर्थपरक आधार के तौर पर 'सुधारो' शब्द का प्रयोग करने के पीछे गाँधी जिस विचार और तर्क से प्रेरित रहे उन पर विचार करना ज़रूरी है। इसकी शुरुआत इस तथ्य पर ग़ौर करते हुए की जा सकती है कि 'सभ्यता' वह पद है जिसका प्रयोग civilisation की धारणा को व्यक्त करने के लिए उन्नीसवीं सदी से शुरू हुआ था। यह सही है कि 'सभ्य' और उसका विरोधी, बल्कि उसका निषेध करने वाला शब्द 'असभ्य', सदाचरण को दर्शाने के प्रयोजन से लम्बे समय से चलन में रहा है। यह वही पद है जिसे *हिन्द स्वराज* में गुजराती भाषा के सन्दर्भ में सदाचरण की धारणा को व्यक्त करने के लिए प्रस्तुत किया गया हैं। 'सुधारो' शब्द का गाँधी का चयन उन कुछ ख़ास तत्त्वों को रेखांकित करने की ज़रूरत से उत्प्रेरित है जिनको *हिन्द स्वराज* आधुनिकता के पारिभाषिक तत्त्व करार देता है :

- सीमा-मर्यादा-विहीन निरन्तर परिवर्तन की सम्भावना जिससे प्रचुर उत्पादन, परिग्रह और दैहिक सुख-सुविधाओं को अनवरत बढ़ती मात्रा में उपलब्ध कराया जा सके।
- असीम परिवर्तन-प्रगति को मानवीय हैसियत और मूल्य के सार्वभौमिक लक्षण के रूप में प्रतिष्ठा प्रदान करना।
- परिणामतः मनुष्य के स्थान पर वस्तुओं को मूल्य का आधार मानना।

हिन्द स्वराज का बुनियादी तर्क एक कल्याणकारी परिवर्तन के तथ्य या सम्भावना को, और उस अर्थ में विकास को, नहीं नकारता। वह परिवर्तन के अधिक प्रभावशाली-परिव्यापी स्वरूप के भीतर कल्याण की अवस्थिति

पर सवाल उठाता है और उसे नकारने की कोशिश करता है। ऐसा करते हुए *हिन्द स्वराज* परम्परा और धर्म की अवधारणाओं पर विशेष बल देता है, उस संवेग पर जो तमाम परम्पराओं और धर्मों की बुनियाद के रूप में मनुष्य में इस क़दर गहरे बद्धमूल है कि उसे उन्मूलित नहीं किया जा सकता। *हिन्द स्वराज* के मर्म में मौजूद विरोधी ध्रुव प्राचीन और आधुनिक की पदावली में पठनीय हैं, पूर्व और पश्चिम या यूरोप और भारत की पदावली में नहीं। इस सन्दर्भ में 'सच्चा ईसाई' पद का प्रयोग ग़ौरतलब है जो 'धर्मिष्ठ' शब्द के लिए किया गया है, जिसका शब्दश: अर्थ है धर्म में दृढ़तापूर्वक स्थिति। विशिष्ट-शुद्ध अर्थ की दृष्टि से यह प्रयोग कोई ख़ास अर्थ नहीं रखता। *हिन्द स्वराज* की ज्ञानात्मक आन्तरिक संरचना में वह एकदम अर्थपूर्ण हो जाता है।[२८]

हिन्द स्वराज के मूल पाठ की एक शब्द में व्यक्त की गयी जिस अवधारणा को अँग्रेज़ी में प्रस्तुत करने के लिए सबसे ज़्यादा शब्दों को प्रयोग किया गया है वह है स्वराज। यह चीज़ शायद उन जटिल अर्थपरक आयामों की ओर संकेत करती है जिनको शब्द अपने में धारण किये होते हैं, कूटबद्ध किये होते हैं। यह दो अर्थों का युग्म है : 'स्व' और 'राज'। 'स्व' में व्यक्ति और समूह दोनों के स्वत्व का संकेत है; 'राज' हुकूमत या नियन्त्रण का संकेत करता है। अन्तिम विश्रान्ति का संवेदनशील ठौर या आधार यहाँ पर स्वत्व है–मनुष्य की ऐतिहासिक-सांस्कृतिक समूहिकता के रूप में, और उस परिसीमित, लघु और मर्यादित व्यक्ति के रूप में भी जो अपनी अन्तरंगता के सबसे अन्तरंग क्षणों में ख़ुद को अखिल विश्व के साथ सहवास की स्थिति में पाता है। संवाद वैसे भी एक अधिमान्य विधा के रूप में भारत के लोक और शास्त्रीय विमर्श में आवर्ती और व्यापक रहा है। लेकिन, *हिन्द स्वराज* के लिए संवाद के रूप का चुनाव शायद व्यक्ति को सामूहिक और अखिल विश्व के बीच अटूट यात्रा की गुंजाइश देने के लिए भी है। मूल पाठ के अन्तिम समापन अध्याय का शीर्षक वाकई युक्तिसंगत है : 'छुटकारो' या अन्तिम मुक्ति, एक ऐसी चीज़ जो सचमुच ब्रह्माण्ड के सन्दर्भ बिना सम्भव हो नहीं सकती।

त्रिदीप सुहृद के सहयोग से मूल अँग्रेज़ी से अनुवाद : मदन सोनी

सन्दर्भ

१. पाण्डुलिपि को अन्तिम रूप देने के दो दिन बाद अपने भतीजे और *इण्डियन ओपिनियन* के गुजराती हिस्से के प्रभारी मंगलदास गाँधी को लिखे गये पत्र से। गाँधी अपने ट्रांसवाल सत्याग्रह और फ़ीनिक्स प्रयोग की तुलना बार-बार उस मिथकीय पक्षी से करते हैं जो अपनी ही राख के भीतर से पुन: जी उठता है। देखें, *कलेक्टेड वर्क्स ऑफ़ महात्मा गाँधी (सीडब्ल्यूएमजी),* नयी दिल्ली : पब्लिकेशन डिवीजन, खण्ड १०, पृ. ६९। फ़ीनिक्स निवास, जिसे गाँधी का पहला आश्रम कहा जाता है, १९०४ के मध्य में, रस्किन की *अनटु दिस लास्ट* को पढ़ने के तुरन्त बाद बसाया गया था। देखें, *महात्मा : लाइफ़ ऑफ़ मोहनदास करमचन्द गाँधी,* खण्ड १, डी. जी. तेन्दुलकर, पब्लिकेशन डिवीजन, नयी दिल्ली, १९८८, पृ. ६६-६९

२. गाँधी किल्डोन स्टीमर में १३ नवम्बर को सवार हुए–उस दिन अहमदाबाद में लॉर्ड मिण्टो पर प्राणघातक हमला किया गया था–और ३० नवम्बर को कैप टाउन में उतरे थे। स्पष्टत: २२ नवम्बर के बाद किसी तरह के संशोधन-परिवर्तन नहीं किये गये। इसके अलावा तेन्दुलकर का आकलन है कि बायें हाथ से लिखे गये पृष्ठों की संख्या 'लगभग पचास' है। हमारी गणना के मुताबिक गाँधी ने बायें हाथ से ३८ पूरे पृष्ठ तथा नौ पन्नों पर फैली ६२ पंक्तियाँ लिखी थीं। देखें, *हिन्द स्वराज* का विशेष पाण्डुलिपि संस्करण, नवजीवन, अहमदाबाद, १९२३। *हिन्द स्वराज* के लेखन से सम्बन्धित विशद विवरण के लिए तेन्दुलकर की पुस्तक महात्मा, भाग १, पृ. १०५-९ देखें।

३. इण्डियन ओपिनियन (१९०४) अँग्रेज़ी, गुजराती, तमिल और हिन्दी में प्रकाशित एक साप्ताहिक पत्र था जो गाँधी की प्रेरणा और मार्गदर्शन में स्थापित किया गया था, और इसका पहला अंक ४ जून, १९०३ में प्रकाशित हुआ था। गाँधी ने इस पत्र का और इसके वित्तीय पक्ष का प्रभार अक्टूबर १९०४ में लिया था। इसका मुद्रणालय (इण्टरनेशनल प्रिण्टिंग प्रेस) और इसका सम्पादन-प्रकाशन **फ़ीनिक्स** आश्रम में ले आये गये थे। फ़ीनिक्स से पहला अंक २४ दिसम्बर, १९०४ को प्रकाशित हुआ था। जल्दी ही (२ फ़रवरी, १९०६ को) हिन्दी और तमिल में सम्पादकों-कम्पोजीटरों की अपर्याप्त उपलब्धता की वजह से इन भाषाओं के प्रभाग बन्द कर देने पड़े। जब सत्याग्रह आन्दोलन अपने शीर्ष पर था तब कुछ समय के लिए (३१ दिसम्बर, १९१३ से १८ अप्रैल, १९१४ तक) ये प्रभाग फिर से जारी किये गये थे। प्रकाशन के पहले वर्ष में इसकी ग्राहक संख्या ८८७ थी, और १९१३ में अपने उत्कर्ष के दिनों में यह आँकड़ा ३,५०० तक पहुँच गया था। देखें तेन्दुलकर की पुस्तक महात्मा, पृष्ठ ६७-६९ और द *एडिटर गाँधी एण्ड इण्डियन ओपिनियन* (नेशनल गाँधी म्यूज़ियम, नयी दिल्ली, २००७, पृ. १-४३) में वाई. पी. आनन्द का लेख 'हिस्ट्री ऑफ़ इण्डियन ओपिनियन'।

४. यहाँ गाँधी के १९०९ की शरद ऋतु के लन्दन-प्रवास के दौरान लॉर्ड एम्प्टहिल

के साथ हुई उनकी बातचीत का है, न कि ९ अक्टूबर, १९०९ के ख़त का, देखें तेन्दुलकर की पुस्तक *महात्मा*, खण्ड १, पृ. १०५। द्रष्टव्य, *कलेक्टेड वर्क्स ऑफ़ महात्मा गाँधी*, खण्ड १९, पृ. १७२ और खण्ड २९, पृ.१८२-८६। एक पत्र (३० अक्टूबर, १९०९) में *हिन्द स्वराज* तर्क के एक संक्षिप्त वक्तव्य के लिए द्रष्टव्य *कलेक्टेड वर्क्स ऑफ़ महात्मा गाँधी*, खण्ड ९, पृ. ५०८-१०।

५. द्रष्टव्य, स्पीच एट हेम्पसटीड (१३ अक्टूबर, १९०९) और एच. एस. एल. पोलाक के नाम गाँधी का पत्र (१४ अक्टूबर, १९०९), *कलेक्टेड वर्क्स ऑफ़ महात्मा गाँधी*, खण्ड ९, पृ. ४७५-८२।

६. इण्डियन होम रूल (चौथा संस्करण, मद्रास : गणेश एण्ड कम्पनी, १९१९) के 'फोरवर्ड' में गाँधी ने संसद को 'वेश्या' कहने को लेकर पछतावा व्यक्त किया है। देखें, *कलेक्टेड वर्क्स ऑफ़ महात्मा गाँधी*, खण्ड १, पृ. ३३०। *हिन्द स्वराज* पर आर्यन पाथ के विशेषांक के लिए भेजे गये एक सन्देश में गाँधी ने कहा : 'अगर इस पुस्तिका को मुझे दुबारा लिखना पड़ता, तो हो सकता है मैं यहाँ-वहाँ शब्दों की हेरफेर करता।' (कलेक्टेड वर्क्स ऑफ़ महात्मा गाँधी, खण्ड ६७, पृ. १६९-७०)। 'उसकी भाषा असभ्य हो सकती है लेकिन मेरी क़लम आज भी उसको चमकाने के लिए तैयार नहीं है।' (*कलेक्टेड वर्क्स ऑफ़ महात्मा गाँधी*, खण्ड ६९, पृ. १९६-९७)।

७. इस उद्धरण के लिए मैं श्री कान्ति शाह का ऋणी हूँ। देखें, विनोबा साहित्य, खण्ड २०, पवनार आश्रम, वर्धा : परमधाम प्रकाशन, २००१, पृ. ३६५।

८. देखें 'प्रिफ़ेस' २२ नवम्बर, १९०९, और *कलेक्टेड वर्क्स ऑफ़ महात्मा गाँधी*, खण्ड १५, पृ. ३३०।

९. देखें *इण्डियन होम रूल*, फ़ीनिक्स, नाताल : द इण्टरनेशनल प्रिण्टिंग प्रेस, १९१० का आवरण।

१०. आर्यन पाथ के विशेष अंक में प्रकाशित पाठ को बाद में 'संशोधित नवीन संस्करण' का नाम दिया गया और इसे १९३९ में नवजीवन अहमदाबाद से महादेव देसाई के 'प्रिफ़ेस टु न्यू एडिशन' के साथ प्रकाशित किया गया। देखें *कलेक्टेड वर्क्स ऑफ़ महात्मा गाँधी*, खण्ड ६७, पृ. १६९-७०। शोधकर्ता, व्याख्याकार और गाँधी के अनुयायी तब से इस 'ये संशोधित संस्करण' को *हिन्द स्वराज* का मानक पाठ मानते आये हैं।

११. देखें *कलेक्टेड वर्क्स ऑफ़ महात्मा गाँधी*, खण्ड ९६, पृ. ३६-३८।

१२. देखें तॉल्सतॉय को लिखे गये गाँधी के ४ अप्रैल, १९१० और १५ अगस्त, १९१० के पत्र, कलेक्टेड वर्क्स ऑफ़ महात्मा गाँधी, खण्ड १०, पृ. २१० और ३०६। तॉल्सतॉय के ८ मई, १९१० और ७ सितम्बर, १९१० के जवाब के लिए देखें *कलेक्टेड वर्क्स ऑफ़ महात्मा गाँधी*, खण्ड १०, पृ. ५०५ और ५१२-१४।

१३. देखें काँग्रेस के लाहौर अधिवेशन में गोखले का भाषण, तेन्दुलकर, महात्मा, खण्ड १, पृ. ११२।

१४. देखें गोखले को लिखा गया गाँधी का २ मई, १९१० का पत्र, *कलेक्टेड वर्क्स ऑफ़ महात्मा गाँधी*, खण्ड १०, पृ. २३९-४०।

१५. आर्यन पाथ, *हिन्द स्वराज* के लिए गाँधी के सन्देश के लिए देखें एफ.एन. २, *कलेक्टेड वर्क्स ऑफ़ महात्मा गाँधी*, खण्ड ६७, पृ. १६-७०।

१६. गाँधी ने जवाहरलाल नेहरू को हिन्दुस्तानी में लिखा था साथ में उसका अँग्रेज़ी अनुवाद नत्थी किया था। मूल पत्र-व्यवहार नेहरू मेमोरियल म्यूजिय़म एण्ड लाइब्रेरी में संगृहीत है। देखें *कलेक्टेड वर्क्स ऑफ़ महात्मा गाँधी*, खण्ड ८१, पृ. ३१९-२१। नेहरू के जवाब के लिए देखें *सिलेक्टेड वर्क्स ऑफ़ जवाहरलाल नेहरू*, फ़र्स्ट सीरीज़, खण्ड १४, नयी दिल्ली : जवाहरलाल नेहरू मेमोरियल फ़ण्ड, पृ. ५५४-५७।

१७. टैगोर-गाँधी जिरह से सम्बन्धित सामग्री के लिए देखें आर. के. प्रभु और रवीन्द्र केळकर (सम्पा.) की पुस्तक *ट्रुथ काल्ड देम डिफ़रेण्टली*, नवजीवन, अहमदाबाद, १९६१। सुरेश शर्मा का निबन्ध 'स्वराज एण्ड द क्वेस्ट फ़ॉर फ्रीडम', *थीसिस इलेवन*, एमआईटी प्रेस, दिसम्बर १९९४ भी द्रष्टव्य। चिन्तनपरक कर्म के रूप शिल्प पर कुमारस्वामी के विचार के लिए देखें आनन्द कुमारस्वामी की पुस्तक द *ट्रांसफ़ार्मेशन ऑफ़ नेचर इन आर्ट*, आईजीएनसीए, नयी दिल्ली, १९९५, और *स्वदेशी*, मुंशीराम मनोहरलाल, नयी दिल्ली, १९९४।

१८. यंग इण्डिया, २६ जनवरी, १९२१। देखें *कलेक्टेड वर्क्स ऑफ़ महात्मा गाँधी*, खण्ड १९, पृ. २७७-७८।

१९. आमन्त्रित टिप्पणीकारों में फ्रेड्रिक सोडी, जी. डी. एच. कोल, सी. डेलिसल बर्न्स, जॉन मिडल्टन मुरे, जे. डी. बेरेसफ़ोर्ड, हग़ फ़ॉसेट, क्लॉड हग़्टॅन, जेराल्ड हर्ड और इरेन राथबोन शामिल थे। देखें *आर्यन पाथ*, सितम्बर १९३८, संख्या IX, अंक ९, पृ. ४२१-५६। *गाँधी ऑन हिन्द स्वराज एण्ड सिलेक्टेड व्यूज़ ऑफ़ अदर्स*, नेशनल गाँधी म्यूज़ियम, नयी दिल्ली, २००९, पृ. २४९-९९ में भी संगृहीत। बहस के सार-संक्षेप के लिए देखें *हरिजन*, १० सितम्बर, १९३८ पृ. २३४-४१ में महादेव देसाई का 'नोट'। संक्षिप्त सन्दर्भ के लिए देखें महादेव देसाई का 'प्रिफ़ेस टु द न्यू रिवाइज्ड एडिशन', *कलेक्टेड वर्क्स ऑफ़ महात्मा गाँधी*, खण्ड ६७, पृ. १६९-७०।

२०. देखें, *राममनोहर लोहिया, मार्क्स, गाँधी एण्ड सोशलिज़्म*, नवहिन्द पब्लिकेशन, हैदराबाद, १९६३ में 'इकोनॉमिक्स ऑफ्टर मार्क्स'।

२१. *द मॉरल एण्ड पॉलिटिकल राइटिंग्स ऑफ़ महात्मा गाँधी*, खण्ड I, राघवन अय्यर (सम्पादक), ऑक्सफ़ोर्ड : क्लेरेण्डन प्रेस, १९८६।

२२. *गाँधी : हिन्द स्वराज एण्ड अदर राइटिंग्स,* एन्थॅनी जे. परेल (सम्पादक), कैम्ब्रिज यूनिवर्सिटी प्रेस, नयी दिल्ली, १९७७।

२३. एम. के. गाँधी'ज़ *हिन्द स्वराज : अ क्रिटिकल एडीशन,* सुरेश शर्मा, त्रिदिप सुहृद (टिप्पणियाँ, अनुवाद, सम्पादन), ओरिएण्ट ब्लैकस्वान, हैदराबाद, २०१०। प्रस्तुत पाठ इसी पुस्तक की भूमिका 'एडिटर्स इण्ट्रोडक्शन' का हिन्दी अनुवाद है। –अनुवादक।

२४. भारतीय वैश्विकी में अनुवाद की अवधारणा के लिए देखें उदयन वाजपेयी का अन्तर्दृष्टिपूर्ण निबन्ध 'अनुवाद का प्रश्न', *चरखे पर बढ़त,* राजकमल प्रकाशन, नयी दिल्ली, २०००, पृ. ७८-८४।

२५. देखें *Pierre Legendre, De la Societe Comme Texte – Lineaments D'une Anthropolgie Dogmatique* पेरिस : फ़ेआर्डए २००१। देखें पीटर गूड्रिक (सम्पादक), *लॉ एण्ड द अनकांशस : अ लेजेण्ड्रे रीडर,* नयी दिल्ली : मैकमिलन, १९७७, पृ. ९८-१३३ और १३७-६३।

२६. देखें *हिन्द स्वराज* का अध्याय ११।

२७. इस एकमात्र प्रयोग से यह बात भी स्पष्ट होती है कि गाँधी ने अपने अँग्रेज़ी उल्था में सुधारो शब्द को लिप्यान्तरित रूप में न रखने का चुनाव किया था। हालाँकि यह आश्चर्य की बात है कि *हिन्द स्वराज* की ज़ब्त की गयी प्रति के बारे में रिपोर्ट प्रस्तुत करने नियुक्त किये गये अनुवादक को गाँधी द्वारा प्रयुक्त 'सुधारो' का civilisation के रूप में अनुवाद करने में लगता है कोई कठिनाई नहीं हुई। देखें, 'Preface', फुटनोट ३।

२८. द्रष्टव्य एम. के. *गाँधी'ज़ हिन्द स्वराज : अ क्रिटिकल एडीशन,* सुरेश शर्मा, त्रिदिप सुहृद (टिप्पणियाँ, अनुवाद, सम्पादन), ओरिएण्ट ब्लैकस्वान, हैदराबाद, २०१० के पाँचवें अध्याय की पादटिप्पणी ९।

वीर सावरकर और हिन्दुत्व

इस विषय पर बोलने के पंकज जी के आग्रह को मेरे लिए टाल पाना मुश्किल था। पंकज जी से मेरा बरसों पुराना संवाद का रिश्ता रहा है : संवाद का, समझने का, एक ऐसा रिश्ता जहाँ आप एक-दूसरे से सहमत न होकर भी बात कर सकते हैं। ऐसे रिश्तों की जगह अब कम होती जा रही है। मुझे आभास है कि मैं आज के व्याख्यान के विषय के साथ पर्याप्त न्याय नहीं कर सकूँगा। इसका एक कारण पिछले दिनों की मेरी भाग-दौड़ है। दूसरा कारण कहते हुए मुझे शर्म आती है, वह यह कि हिन्दी में लिखने का मुझे बहुत अभ्यास नहीं है। हालाँकि मैं उनमें से हूँ जो अँग्रेज़ी से लगाव होने के बावजूद भी यह मानते हैं कि संसार में केवल एक ही भाषा के वर्चस्व की सम्भावना के दूरगामी और गहन परिणाम विनाशी होंगे, मानव संस्कृति, मानव अस्तित्व और अस्मिता के लिए। लेकिन उस विषय पर कभी और चर्चा की जा सकती है, अभी मैं अपने कथन के विषय पर आता हूँ। भारत भवन से मेरी अनेक विशिष्ट यादें जुड़ी हैं : जगदीश स्वामीनाथन, निर्मल वर्मा और अशोक वाजपेयी की यादें। मेरी दृष्टि में भारत भवन की विशेषता यह रही है कि दिल्ली से हटकर भारत की स्वतन्त्रता प्राप्ति के बाद का यह ऐसा पहला प्रयास रहा है जिसकी दृष्टि और आकांक्षा नितान्त समग्र और सार्विक थी। संयोग है कि वीर सावरकर पर बोलने के दो दिन पहले ही मैं पाकिस्तान में कुछ समय बिताकर आया हूँ। क़ायदे आज़म मोहम्मद अली जिन्ना के मुस्लिम राष्ट्र के स्वप्न और उसकी हक़ीक़त

* यह आलेख भारत भवन, भोपाल में दिए व्याख्यान (जुलाई २००६) पर आधारित है। इसे पढ़ने लायक़ बनाने के लिए आभारी हूँ, उदयन वाजपेयी और संगीता गुंदेचा का।

सम्बन्धी दो-चार तथ्य रेखांकित करना चाहूँगा। जिन्ना साहब का यह सपना था कि एक मुस्लिम राष्ट्र बने और उसकी अन्दरूनी संरचना और वितान में चरम क़िस्म का ऐक्य हो, वह कलह से मुक्त होकर प्रगतिशील आधुनिक राष्ट्र बन सके। लेकिन पिछले साठ बरस में जो वास्तविकता तैयार हुई है, वह उस स्वप्न से बहुत हटकर है। आज भी उस राष्ट्र को खालिस मुसलमान राष्ट्र बनाने की कोशिश जारी है। लेकिन वो वैसा बन नहीं पाया है, और मुझे लगता है कि वह वैसा बन भी नहीं पायेगा। आज जिन्ना के पाकिस्तान में कलह, गहरा टकराव और हिंसा पन्थ एवं अंचल के आधार पर चरम घटित होती दिखती है। आधुनिक संरचना के नाम पर वहाँ सिर्फ़ एक संस्था बन पायी है : फ़ौज। यहाँ मैं एक और तथ्य रेखांकित करना चाहता हूँ। वहाँ के शिक्षित मध्यवर्ग में उदार मूल्यों के प्रति सजगता, आस्था दिखायी दी, पर यह भी महसूस हुआ कि उन्हें अभिव्यक्ति का जो वितान मिला है उसमें वे इन मूल्यों की वैधता और औचित्य को अपने विमर्श में स्थापित करते समय बेबस हो उठते हैं। यह बात यहीं छोड़ दें, क्योंकि मुझे अपनी बात अगले पैंतालीस-पचास मिनट में पूरी करनी है।

अपना कथन शुरू करने से पहले मैं इतिहास के बारे में दो-चार शब्द कहना चाहता हूँ। जब हम इतिहास के बारे में बात करते हैं तो हम इतिहास की उस अवधारणा को इंगित करते हैं जो पिछले दो-तीन सौ बरसों के भीतर यूरोप में प्रतिष्ठित हुई। यह इतिहास की आधुनिक कल्पना है, जिसका आधार अतीत के गहन छोर तक जाता है। इसमें प्राथमिक तत्त्व हैं : टिलॉस। इसका समानान्तर शब्द हिन्दी में खोज पाना शायद सम्भव नहीं, इसलिए मैं इसका कुछ विस्तार प्रस्तुत करना चाहूँगा। टिलॉस की अवधारणा मध्ययुगीन ईसाई धर्म की शास्त्रीय बहस में प्रखरता से उभरती है। इसका अर्थ यह है कि किसी भी प्रक्रिया के आरम्भ में ही उसके अन्तिम स्वरूप की सम्भावना निहित रहती है। कथित प्रक्रिया उस सम्भावना को प्राप्त कर पाये या न कर पाये, यह अलग बात है। नियत अन्त तक पहुँचने का मार्ग कठिन हो सकता है, उसका स्वरूप अकल्पनीय भी हो सकता है, परन्तु नियत अन्त की सीमा और स्वरूप उसके प्रथम चरण में ही निहित रहते हैं। इस अवधारणा का आधुनिक प्रारूप प्रगति की कल्पना में मूल और पारिभाषिक है। मान्यता यह है कि इतिहास की लय और गति एवं दिशा जाने-अनजाने क़रीब निरन्तर हमारे समूचे अस्तित्व एवं अस्मिता को

एक निश्चित दिशा में ले जाती है। पूर्व आधुनिक परिवेश में इतिहास को देखने-समझने की एक और भिन्न परम्परा भी रही है। हमारे यहाँ इतिहास लेखन और विमर्श की परम्परा शायद नहीं रही है। उसके कुछ बहुत ही क्षीण एवं बिखरे प्रमाण देखने को मिलते हैं। इतिहास लेखन एवं विमर्श की जटिल एवं समग्र परम्परा चीन में रही है। उसके समकक्ष राज्यसत्ता संचालन एवं विमर्श की परम्परा भी चीन में निरन्तर रही है। इस सन्दर्भ में मैं राज्यसत्ता शब्द की जगह अँग्रेज़ी के 'स्टेट' शब्द का इस्तेमाल करना पसन्द करूँगा। 'स्टेट' शब्द में 'राज्यसत्ता' से कुछ अलग अर्थ भी प्रखर हैं। चीन के पारम्परिक इतिहासबोध में प्रगति जैसी कोई अवधारणा नहीं है। वह एक चक्रिल अवधारणा पर आधारित है। इतिहास काल चक्र का प्रस्थान बिन्दु अतीत में कोई स्वर्णिम युग होता है। धीरे-धीरे क्षय प्रक्रिया निरन्तर इतिहास चक्र को विघटन की ओर ले जाती है, और उसके निम्नतम छोर से इतिहास चक्र फिर से स्वर्णिम युग की ओर लौटता है। रोम और यूनान की इतिहास लेखन-विमर्श परम्परा भी इसके बहुत क़रीब की थी। इस सन्दर्भ में मैं आधुनिक चीन में हुई एक बहुत ही अहम और पारिभाषिक बहस का ज़िक्र करना ज़रूरी समझता हूँ। चीन के इतिहास के सन्दर्भ में इतिहासकारों ने यह प्रश्न उठाया है कि जो औद्योगिक क्रान्ति अठारहवीं शती के अन्त में यूरोप के एक छोटे-से द्वीप इंग्लैण्ड में हुई, वह दसवीं शती के चीन में क्यों नहीं हो पायी। औद्योगिक क्रान्ति के इतिहासकारों, अर्थशास्त्रियों ने जो भी लक्षण एवं प्रस्थान बिन्दु तय किये हैं, वे दसवीं शती के चीन में भरपूर नज़र आते हैं। मैंने एक बार इस पर लिखा था कि यह प्रश्न कुछ इस तरह का है कि मानो यह पूछा जा रहा हो कि यूरोप का आधुनिक इतिहास दसवीं शती के चीन में क्यों नहीं शुरू हुआ? अगर प्रश्न को आप इस तरह पेश करें, तो वह अटपटा और कुछ बेहूदा लगेगा। लेकिन अगर आप प्रगति की अवधारणा में निहित उसके सार्वभौमिक निर्णायक धरातल को मुखर करें तो बाक़ी सब तत्त्व उसके अनुषंग हो जाते हैं। बहरहाल! यह सब कुछ अधिक लम्बा होता जा रहा है। एक और शब्द की मैं चर्चा करूँगा, क्योंकि उसके बिना मैं आगे की बात नहीं कह पाऊँगा। वह शब्द है, पेराडॉक्स। इस शब्द के लिए हमारी अपनी भाषा और दर्शन में कोई पर्याय नहीं है। पेराडॉक्स एक ऐसी स्थिति है जिसमें दो विपरीत तत्त्व निरन्तर एक ऐसे परस्पर विरोधी समीकरण में बने रहते हैं जिसमें कि उन्हें सुलझाना या उनका विलयन करना असम्भव होता है।

मेरा प्रयास है सावरकर की चिन्तन पद्धति का विश्लेषण कर पाना। मैं सावरकर का अनुयायी नहीं हूँ। मैं उनकी परम्परा का भी नहीं हूँ। उनके बलिदान, साहस और बौद्धिक प्रखरता का मैं आदर करता हूँ। शुरू में ही, वीर सावरकर और महात्मा गाँधी के नितान्त भिन्न दार्शनिक एवं बौद्धिक प्रस्थान धरातल को इंगित करना चाहूँगा। गाँधी जी को राष्ट्रीय आन्दोलन का सबसे बड़ा नेता माना गया है। गाँधी जी के विपुल लेखन में यदि हम 'राष्ट्र क्या है' पर कुछ खोजने की कोशिश करें तो वहाँ बहुत नहीं मिलेगा। वीर सावरकर को हिन्दू अस्मिता, हिन्दुत्व, हिन्दू संस्कृति का प्रखर प्रहरी माना गया है। उनका लेखन भी विपुल है, भले ही गाँधीजी जितना नहीं। उस लेखन में अगर हम 'संस्कृति क्या है' जैसे प्रश्नों के उत्तर खोजने चलें तो बहुत नहीं मिलेगा। आप इसे पेराडॉक्स कह सकते हैं। आधुनिक युग में 'स्व' की अस्मिता विशेषकर हिन्दू अस्मिता के संकट और उससे उपजी शंकाओं, द्वन्द्वों पर वीर सावरकर ने जिस तर्क पद्धति से विचार किया, मैं उसे स्पष्ट करना चाहता हूँ। उस पर आने से पहले मुझे थोड़ा पीछे जाना होगा। राजा राममोहन राय का कार्यकाल वीर सावरकर से क़रीब अस्सी-नब्बे वर्ष पहले का है। उन्होंने ही आधुनिक काल के औपनिवेशिक दौर में पहली बार 'स्व' की अस्मिता के यथार्थ पर विचार करने का प्रयास किया। उनके इंगित दो तत्त्व-प्रश्न सावरकर के समय में भी प्रासंगिक बने रहे। हम किस तरह अपने समूचे अस्तित्व को यूरोप के समकक्ष बना सकते हैं? उसकी प्रक्रिया क्या हो, उसे हम कैसे संचालित कर सकते हैं? इस बारे में आज भी बहुत बहस नहीं होती कि यह हमें करना भी चाहिए या नहीं? इसकी हमें ज़रूरत है भी या नहीं? यह मानकर चला जाता है कि हमें ऐसा करना ही चाहिए। यह मान्यता, चाहे राममोहन राय हों या सावरकर, में एक-सी है। इस सन्दर्भ में यदि कोई मौलिक सम्भावनानिष्ठ अपवाद है, तो मैं मानता हूँ कि वह गाँधी जी हैं। राममोहन राय के विश्लेषण के दो तत्त्व मैं रेखांकित करना चाहूँगा। एक तो यह कि हमारे कर्म और विश्वासों में ऐसे बहुत से तत्त्व आ गये हैं जिन्हें तजना ज़रूरी है। उनको तजने की अनिवार्यता हमारे अपने स्व और अस्मिता की रक्षा से जुड़ी हैं। इस तजने और स्व एवं अस्मिता को पुनर्प्रतिष्ठित करने की प्रक्रिया में एक ऐसी सार्विकता निहित है जो हमारी विराट परम्परा से आती है। उस परम्परा में राममोहन राय सबसे महत्त्वपूर्ण प्रस्थान बिन्दु उपनिषद् के दर्शन को मानते हैं। वे मानते हैं कि उपनिषद्

के दर्शन में एक सार्विक सम्भावना निहित है। यहाँ की परम्परा और यहाँ के जीवन और अस्तित्व के लिए एक विशिष्ट सार्विक सम्भावना। लेकिन यह सम्भावना तब तक चरितार्थ नहीं हो सकती जब तक उस समय के कुछ विश्वासों, कर्मकाण्डों और सामाजिक संरचना को तजा या बदला न जाये। इस विमर्श की अगली कड़ी स्वामी दयानन्द सरस्वती हैं। और उनके साथ ही इस विमर्श की बनावट में एक गहरा विचलन आता है। दयानन्द सरस्वती ऋग्वेद को बाइबल के समान अक्षर-पाठ की विधि में प्रतिष्ठित करना चाहते थे। राममोहन राय की दृष्टि में सार्विकता सभी परम्पराओं में निहित रहती है। विभिन्न परम्पराओं में उसका अंश कम-ज़्यादा हो सकता है, लेकिन सार्विकता किसी भी पन्थ या किसी भी मार्ग से सम्भव है। दयानन्द सरस्वती के विश्लेषण में यह तत्त्व अन्तिम कसौटी के रूप में प्राय: गौण हो जाती है, जिसके आधार पर यह अन्तिम निर्णय लिया जा सके कि क्या अच्छा है, क्या बुरा है, क्या लेने लायक़ है, क्या छोड़ने लायक़ है। दयानन्द सरस्वती ऋग्वेद को बाइबल समान, अक्षर पाठ विधा में इसीलिए प्रतिष्ठित करने की ज़रूरत महसूस करते हैं क्योंकि आधुनिक सन्दर्भ में समाज के लिए कुछ स्पष्ट पारिभाषिक आधार होना अनिवार्य है। स्पष्ट पारिभाषिक आधार के अभाव में हिन्दू समुदाय का बच पाना लगभग असम्भव है। इस निश्चय से गहरे क्लेश और शंका उत्पन्न होते हैं। यह विकट शंका दूर तक चलती है। इस वैचारिक प्रवाह की अगली कड़ी हरदयाल हैं। हरदयाल साहब बहुत ही दिलचस्प इनसान थे। उनके विचार-बिन्दु कई बार बदले और ये बदलाव कोई छोटे-मोटे बदलाव नहीं थे। मसलन, वे भारत के पहले व्यक्ति थे जिन्होंने मार्क्स को ऋषि का दरजा दिया। उन्होंने 'रेड फ्लेग' नाम की संस्था चलायी जिसके विचार बहुत उग्र थे। मसलन, यह कि शादी-ब्याह की संस्था, ढकोसला है, आदि। उनकी विचार यात्रा अनेक ठिकानों से गुज़री लेकिन वे जिस विचार बिन्दु पर जाकर ठहरे, वह यह था कि हिन्दू समुदाय को स्थिर और स्पष्ट पारिभाषिक आधार देना अनिवार्य है। अगर हम यह नहीं कर पाते हैं, तो हिन्दू समुदाय बच नहीं पायेगा। हिन्दू अस्तित्व की परिभाषा की खोज उन्हें राजनीतिक प्रक्रिया की ओर ले जाती है। हिन्दू की परिभाषा को राजनीतिक प्रक्रिया में खोजने का यह पहला प्रयास था। उनकी परिभाषा खोज का यह प्रयास समस्याग्रस्त है। उनका प्रयास था कुछ ऐसे विश्वासों, मान्यताओं, परिपाटियों को रेखांकित करना जो अधिकतर हिन्दुओं को

मान्य हों। उनकी तर्कशैली और प्रमाण-विधान के बीच गहरा अन्तराल बना रहा।

इस परिभाषा खोज और विमर्श प्रक्रिया को अन्तिम रूप सावरकर अपने हिन्दू राष्ट्र की कल्पना में देते हैं। इस अन्तिम कड़ी में जिन दो-तीन चीज़ों को मैं रेखांकित करना चाहता हूँ, वे ये हैं कि हिन्दू की परिभाषा कर्मकाण्ड, मत-मतान्तर और मान्यताओं की परिधि से बाहर हो। आशय यह है कि प्रचलित मत-मतान्तर, मान्यताओं और अमान्यताओं आदि का हिन्दू परिभाषा पर कोई असर नहीं होना चाहिए, उसे इनसे हटकर अलग धरातल पर ही परिभाषित किया जाना चाहिए। आधुनिक इतिहास लेखन में इस प्रयास को जो स्थान दिया जाता है और उसे जैसे विश्लेषित किया जाता है, अब मैं उसके बारे में कुछ कहूँगा। आधुनिक दृष्टि के अनुसार हिन्दू राष्ट्र की कल्पना मूलतः बीते युग के पुनर्प्रतिष्ठापन का प्रयास है। इतिहास लेखन की इस दृष्टि के अनुसार आधुनिक युग में अस्मिता का मुख्य आधार-स्रोत आर्थिक संरचना की विराट प्रक्रिया है, जिसके अन्तर्गत भिन्न समुदायों का विशिष्ट स्थान और सम्भावना नियत होती है। इस दृष्टि के प्रति मेरे मन में गहरे सन्देह हैं। उन सन्देहों के विवरण से पहले मैं एक दृष्टान्त प्रस्तुत करना चाहूँगा। विभाजन के बाद पाकिस्तान के सिर्फ़ दो प्रान्तों में हिन्दू अच्छी संख्या में रह पाये। उन दोनों प्रान्तों को बेहद पिछड़े अंचलों में गिना जाता है। वे ऐसे प्रदेश भी हैं जहाँ आधुनिक राज्यसत्ता और आधुनिक प्रक्रियाओं की पहुँच क्षीण रही है। ये दो राज्य हैं सिन्ध और बलूचिस्तान। पाकिस्तान में हिन्दुओं के लिए आधुनिक प्रक्रियाओं और राज्यसत्ता के केन्द्र पंजाब में रहना सम्भव नहीं हो पाया।

सावरकर की दृष्टि विमर्श में आधुनिक युग की दिशा को पलटना न सम्भव है, न उचित। आधुनिकता के विरोध को वे आत्मघाती मानते थे। यहाँ वे गाँधी जी से घोर असहमत थे। सावरकर का मानना था कि विज्ञान और टेक्नोलॉजी के प्रति गाँधी जी का रुख़ भारत में अज्ञान और ग़रीबी को ही प्रश्रय देगा। सावरकर की दृष्टि में अतीत, भविष्य निर्माण का महज़ स्रोत भर है। उसमें स्वतः यह सामर्थ्य नहीं कि वह आधुनिक युग के प्रवाह और उसमें निहित सम्भावनाओं के समानान्तर टिक सके। उनका विश्वास था कि जीवित रहने का संघर्ष ही ऐतिहासिक प्रक्रिया का प्रमुख संचालक है। लन्दन में सावरकर की शामजी कृष्णा वर्मा से मुलाक़ातें हुईं

और वे उनके निकटतम सहयोगी माने जाने लगे। शामजी वर्मा संस्कृत-अँग्रेज़ी शब्दकोश के रचयिता सर मोनियर विलियम्स के सहायक बन इग्लैण्ड गये थे। १९०६-०७ में उनके गाँधी जी से भी निकट के रिश्ते थे। वे हर्बर्ट स्पेन्सर के अनन्य भक्त थे। यह प्रसिद्ध कथन जिसे साधारणतः चार्ल्स डार्विन से जोड़कर देखा जाता है, दरअसल हर्बर्ट स्पेन्सर का है; 'सरवाइवल ऑफ़ दि फिटेस्ट', अर्थात्, सक्षम ही जीवित रह पाता है। इस कथन में सक्षमता और उत्तरजीविता एक-दूसरे से अभिन्न हैं। इस दृष्टि के अनुसार सक्षमता ही प्रगति और सभ्यता को गति देने वाला सृजन तत्त्व है। भारत में आधुनिकता का प्रवेश औपनिवेशिक राज के सहारे हो पाया। औपनिवेशिक तन्त्र के प्रति मैं तीन दृष्टियों को आपके सामने प्रस्तुत करता हूँ। पहली दृष्टि, सुरेन्द्रनाथ बनर्जी की है। वे भारत के नवजागरण प्रयास में अँग्रेज़ी शासन को सभ्यता विस्तार का अभिन्न माध्यम मानते हैं। दूसरे, कार्ल मार्क्स, जिन्होंने भले ही भारत में अँग्रेज़ी राज को भला-बुरा कहा हो, वे उसे इतिहास का परोक्ष औज़ार करार करने से नहीं चूके। उनका मानना था कि उपनिवेशी राज में दमन है, शोषण है, लूट है, अन्याय है, पर वह फिर भी इतिहास का परोक्ष औज़ार है। तीसरे सावरकर। वे मानते हैं कि अँग्रेज़ी राज ने हिन्दुओं को हिन्दू राष्ट्र बनाने का एक स्वर्णिम अवसर दिया है। यह १९२० के बाद की उनकी मान्यता है। वे मानते हैं कि इस राज में शोषण है, दमन है, और ये सब कुछ इसका अभिन्न अंग है, पर इतिहास की प्रक्रिया मूलतः प्रगति की ओर है। इस सन्दर्भ में वे मार्क्स के बेहद क़रीब नज़र आते हैं। सावरकर के अपने जीवन में धर्म और कर्मकाण्ड का स्थान बहुत कम, बल्कि नहीं के बराबर रहा। जब वे हिन्दू महासभा के अध्यक्ष थे, एक महिला उनके अपने पत्नी का अन्तिम संस्कार न करने के निर्णय के विरुद्ध धरने पर बैठी। सावरकर को इससे कोई विशेष परेशानी नहीं हुई। इसी तरह जिन्ना साहब के जीवन में भी कर्मकाण्ड और मज़हब का कोई बहुत स्थान नहीं रहा। वे मुश्किल से ही नमाज़ पढ़ पाते थे। इससे जुड़ा एक दिलचस्प क़िस्सा है। वे पाकिस्तान बनाने के पक्ष में भाषण दे रहे थे, नमाज़ की अज़ान हुई, सारे लोग नमाज़ पढ़ने लगे। जिन्ना साहब अलग बैठकर सिगार पीते रहे। जब नमाज़ हो चुकी, उन्होंने अपना भाषण जहाँ से उसे छोड़ा था वहीं से शुरू कर दिया। अम्बेडकर साहब ने भी बौद्ध धर्म ज़रूर अपनाया लेकिन उस धर्म के दर्शन से उनका कोई गहरा सरोकार हो, ऐसा मुझे कभी नहीं लगा।

ये तीनों हस्तियाँ ख़ुद को न सिर्फ़ आधुनिक धरातल पर पाती हैं, बल्कि उसी धरातल पर ख़ुद को प्रतिष्ठित करने का प्रयास भी करती हैं। मैं यह सब इसलिए कह रहा हूँ क्योंकि इसका सावरकर से गहरा सम्बन्ध है। सावरकर के जीवन में दो भिन्न चरण स्पष्ट नज़र आते हैं। एक अण्डमान से पहले, और दूसरा अण्डमान के बाद का। मेरा कहना यह है कि उनकी चिन्तन प्रक्रिया जो पहले चरण में थी वही बाद में रही, उसमें कोई फ़र्क़ नहीं आया, लेकिन उनके तर्क के निष्कर्ष उन्हें दो विपरीत दिशाओं में ले गये। यही चिन्तन प्रक्रिया उन्हें एक विस्तृत विशाल धरातल से जोड़ती है।

आधुनिक भारत के इतिहास लेखन में अकसर ऐसा अंकित किया जाता है कि अण्डमान के बाद सावरकर हिन्दू राष्ट्र के हिमायती हुए और साथ ही वे ब्रिटिश साम्राज्यवाद का भी समर्थन करने लगे। मान्यता यह है कि इन दोनों चीज़ों का तार्किक सम्बन्ध है। माना जाता है कि सावरकर की आधुनिकता की समझ बेहद सीमित और सतही थी। इस वजह से वे उसका सार्थक परिमार्जन नहीं कर सके। यह बात मुझे जँचती नहीं। इस सन्दर्भ में एक उदाहरण देना चाहूँगा। सन् १९४२ के भारत छोड़ो आन्दोलन के दौरान जिन शक्तियों, समूहों और व्यक्तियों ने अँग्रेज़ी राज्य का साथ दिया उसकी फ़ेहरिस्त बेहद लम्बी है, और बेहद दिलचस्प भी। उसमें अम्बेडकर साहब हैं, रामासामी पेरियार हैं, हिन्दू महासभा है। राष्ट्रीय स्वयंसेवक संघ है, मुस्लिम लीग है, कम्युनिस्ट पार्टी ऑफ़ इण्डिया है, एम.एन. राय हैं, और भारत के राजा-महाराजा भी इसमें शामिल हैं। यह बहुत लम्बी फ़ेहरिस्त है। इसके ऐसा होने का कोई गहरा कारण ज़रूर रहा होगा। इतनी विपरीत अस्मिताएँ इतने विपरीत सामाजिक तत्त्व, १९४२ में अँग्रेज़ी राज के सबसे गहरे संकट के समय अपने को उसका हिमायती घोषित करने को तत्पर हैं। ऐसा क्यों हुआ? मेरा सोचना है कि ये सभी व्यक्ति, या समूह भारत के किसी एक तत्त्व या अंश के ही भविष्य के विषय में चिन्तित थे। इनमें से किसी में भी वह हिम्मत या आकांक्षा नहीं थी कि वे भारत की समग्रता को व्यक्त करें। इस सन्दर्भ में सावरकर के बारे में मैं यह कहूँगा कि उन्होंने अन्त तक यह क़बूल किया कि भारतीय राष्ट्र की कल्पना हिन्दू राष्ट्र की कल्पना से ऊँचे धरातल पर है परन्तु उनका विश्वास था कि उस कल्पना को ऐतिहासिक यथार्थ बना पाना सम्भव नहीं है, और जो चीज़ ऐतिहासिक रूप से सम्भव न हो, उसे त्याग देना ही उचित है, उसके पीछे दौड़ना मूर्खता है।

सन् १९०९ में दो पुस्तकें प्रकाशित हुईं। वीर सावरकर की लिखी '१८५७ का स्वतन्त्रता संग्राम' पुस्तक और गाँधी जी लिखित 'हिन्द स्वराज'। इन दोनों पुस्तकों की जो गति हुई, वह दिलचस्प है। दोनों पुस्तकों पर अँग्रेज़ी सरकार ने पाबन्दी लगायी। वीर सावरकर की पुस्तक के बीसियों संस्करण निकले, अधिकांश हिन्दुस्तान से बाहर। वे बड़े मुश्किल हालात में छपे, पर छपते रहे। गाँधी जी की 'हिन्द स्वराज' का दूसरा संस्करण १९३८ में छपा था। यह इसके बावजूद कि गाँधी जी भारत के सार्वजनिक जीवन के केन्द्र में थे, राष्ट्रीय आन्दोलन के शिखर के नेता थे। गाँधी जी के गुरु गोखले और उत्तराधिकारी जवाहरलाल नेहरू की 'हिन्द स्वराज' के प्रति गहरी उदासीनता थी। नेहरू तो यहाँ तक कहते हैं कि 'यह आपका सपना है, इस पर कांग्रेस ने न तो कभी बहस की और न ही यह बहस करने लायक़ है।' लेकिन सावरकर के '१८५७' को राष्ट्रीय आन्दोलन की प्राय: सभी धाराएँ तेज़ी से अपनाती हैं यह अपने आप में आश्चर्य की बात है। यहाँ यह ग़ौर करें कि सावरकर से पहले किसी हिन्दुस्तानी की यह कहने की हिम्मत नहीं थी कि १८५७ में जो भी हुआ, वह एक ऐसा प्रयास था जो हर ग़ुलाम करने को बाध्य होता है। यह बात तब तक सिर्फ़ छुपकर कही जाती थी, मुखर रूप से जो कहा जाता था, उसकी एक मिसाल ये है कि भारतीय राष्ट्रीय कांग्रेस के क़रीब हर अधिवेशन में एक प्रस्ताव पारित होता था : 'आर्म्स एक्ट' को हटा दिया जाये। इसने भारत को नपुंसक बना दिया है, वग़ैरह। लेकिन १८५७ पर कोई सीधे-सीधे बात नहीं करता था। सर सैयद अहमद ने १८५७' पर लिखा, पर वह बिलकुल अलग दृष्टि से लिखा गया। उन्होंने लिखा कि भारत पर राज्य करने की कुछ अनिवार्यताएँ हैं जो अँग्रेज़ नहीं समझते। सर सैयद का दावा था कि वे इन अनिवार्यताओं को अच्छी तरह से समझा सकते हैं। इतिहास लेखन विमर्श का यह महत्त्वपूर्ण तथ्य है कि १९०९ तक '१८५७' पर क़रीब हर साल किसी अँग्रेज़ अफ़सर या इतिहासकार लिखित कोई न कोई ग्रन्थ प्रकाशित होता रहता था। १९०९ और १९४७ के तीस बरस के अन्तराल में लिखा १८५७ पर कोई ग्रन्थ अँग्रेज़ों द्वारा प्रकाशित नहीं होता। इस सन्दर्भ में सावरकर का '१८५७' इतिहास लेखन में महत्त्वपूर्ण हस्तक्षेप साबित हुआ। वीर सावकर के '१८५७' में दो-तीन चीज़ें बेहद महत्त्व की हैं। सावरकर कहते हैं कि १८५७ इस बात का प्रमाण है कि भारत में यह सम्भावना निश्चित है कि सभी हिन्दू-मुसलमान, ब्राह्मण और शूद्र, एकजुट होकर एक लक्ष्य के लिए सक्रिय हो सकते हैं। दूसरा, वे ये कहते हैं कि

रणभूमि की एकता का महत्त्व सामाजिक संरचना को देखकर ही लगाया जा सकता है। इतिहास की कल्पना में यह बात क़ाबिले-ग़ौर है कि रणभूमि में जो स्तर, पराक्रम, संगठन और एकनिष्ठता नज़र आती है, वह एक तरह से सामाजिक संरचना का ही एक विशेष सन्दर्भ में परिमार्जित रूप है। १८५७ की विफलता को भी वे इसी तर्क से समझाने की कोशिश करते हैं। सावरकर का अन्तिम निष्कर्ष था कि '१८५७' में बाक़ी सब कुछ था, अलावा भविष्य की एक नयी वैकल्पिक धारणा के। '१८५७' के विद्रोह में जो धारणा निहित थी, वह अतीत की ओर ले जाती थी : वही मुग़ल, वही मराठा, वही हिन्दू, वही शूद्र और वही अन्दरूनी दमन। ऐसे में उसकी विफलता आश्चर्यजनक नहीं थी।

सावरकर के जिस दूसरे ग्रन्थ का मैं विशेष उल्लेख करना चाहता हूँ वह है, 'कालापानी'। '१८५७' और 'कालापानी' के बीच उनके दो और ग्रन्थ प्रकाशित हए, 'मोपला' और 'ऊषाप' जिनके केन्द्र में है हिन्दू समाज की अपनों के प्रति निर्मम क्रूरता। ख़ासतौर पर हिन्दू समाज दलितों और असहायों आदि के प्रति बहुत ही क्रूर रहा है। यह बात सावरकर बहुत आवेग से कहते हैं। 'ऊषाप' में वे कुछ और भी कहते हैं। उसमें एक चरित्र है, सत्यकाम, जो हमेशा सत्य की बात करता है लेकिन वह दमनकारी के साथ समझौता करता है। यह कह पाना असम्भव है कि सत्यकाम का चरित्र गाँधी जी को इंगित नहीं करता। उस उपन्यास में सबसे घटिया चरित्र यदि कोई है, तो वह निश्चित ही सत्यकाम है। 'कालापानी' का ज़िक्र करने से पहले मैं यह कह दूँ कि जब सावरकर उसे लिख रहे थे, उनकी राजनीतिक गतिविधियों पर रोक थी। साथ ही वे यह मानते थे कि उपन्यास लेखन अस्मिता-विमर्श का एक ऐसा सहज साधन है जिसका यदि सही और सक्षम राजनीतिक उपयोग किया जाये तो, उसका परिणाम गहरा एवं दूरगामी हो सकता है। 'कालापानी' और 'मोपला' व 'ऊषाय' जैसे ग्रन्थों के बीच यह फ़र्क़ है कि 'मोपला' आदि ग्रन्थों के केन्द्र में है तत्कालीन हिन्दू समाज। 'कालापानी' उनकी आपबीती जैसा कुछ है, यह आत्मकथात्मक कृति है। इसमें जो दो-तीन तत्त्व मुझे महत्त्वपूर्ण लगते हैं उनकी मैं चर्चा करूँगा। 'कालापानी' में अण्डमान ऐसे भूगोल का रूपक है जहाँ कोई इतिहास नहीं है, जहाँ इतिहास अभी बनना है। वह एक ऐसा वितान है जिस पर बिना किसी अतीत के बोझ के इतिहास लिखा-रचा जा सकता है। सावरकर हिन्दू अतीत के बोझ से बेहद संतप्त हैं। उनके चिन्तन में निर्णायक प्रश्न है कि इस अतीत के बोझ से मुक्ति कैसे

मिले। यह भारत का एक ऐसा स्थान है जहाँ अतीत, जीवित परम्परा न होकर महज़ स्मृति है। यहाँ अतीत को एक शुद्ध स्मृति के रूप में क्रियान्वित करने का प्रयास सम्भव और करने लायक़ है। उनकी आस्था है कि यहाँ अतीत के बोझ से मुक्त सृजन हो सकेगा। ऐसी ऐतिहासिक भूमि ही पुण्यभूमि है। हिन्दू राष्ट्र की सावरकर की परिभाषा दो धुरी पर है; जन्मभूमि-पितृभूमि और पुण्य भूमि। 'कालापानी' उपन्यास के अण्डमान में कर्मभूमि ही पुण्यभूमि बनती है। मुझे लगता है कि यह बहुत महत्त्वपूर्ण है। यहाँ कर्मभूमि, पुण्यभूमि इसलिए बन पाती है क्योंकि वह अतीत के बोझ से पूरी तरह मुक्त है। बिलकुल शुद्ध स्मृति के आधार पर भविष्य का निर्माण हो सकता है। इस उपन्यास में उनकी अपनी आवाज़ १८५७ के विद्रोह की सज़ा पाने अण्डमान भेजे गये अप्पाजी नाम के चरित्र में मुखरित होती है। उनका परिवार वहाँ एक खालिस 'हिन्दू जनपद' बना रहा है। इसमें जितने मुसलमान चरित्र हैं, वे झूठ बोलने वाले असीम हिंसा के प्रतीक हैं : फ़रेबी और अत्याचारी। इन सबका अपवाद महाराष्ट्र के मुसलमान हैं। उनके प्रति एक दूसरी तरह की भाषा और लय का प्रयोग है। वे इस तरह पेश होते हैं कि दूसरे मुसलमान उन्हें 'आधा हिन्दू मानते' हैं। मैंने शुरू में ही कहा था कि पाकिस्तान में 'खालिस मुसलमान' बनाने का प्रयास तेज़ी से जारी है पर अभी तक वे खालिस मुसलमान बना नहीं पाये हैं। वे कुछ अंश में ही खालिस बन पाते हैं, पूरे नहीं।

मैं दो उद्धरण देकर अपनी बात समाप्त करता हूँ। गाँधी और सावरकर के बीच सार्वजनिक मंच से एक ही बार संवाद हुआ। यह १९०९ में विजयादशमी के दिन लंदन में हुआ। विजय दशमी का समारोह निज़ामुद्दीन रेस्त्रां में किया गया। दोनों के कथन राम के जीवन और आदर्श के बारे में थे; वनवास, बलिदान और त्याग के बारे में। सावरकर के लिए हिन्दू परम्परा की संरचना के सीमांकन में निहित गहन धुँधलापन हमेशा क्लेश का स्रोत रहा। उनके अनुसार स्पष्ट रेखाओं का अभाव हिन्दू अस्तित्व को नष्ट कर देगा। अगर इसे बचाना है तो ये रेखाएँ स्पष्ट और उग्र करनी होंगी। गाँधी जी की दृष्टि में इस परम्परा और सभ्यता के सीमांकन में निहित तरलता और धुँधलापन ही 'स्व' की समग्र सम्भावनाओं का स्रोत है। गाँधी जी का विश्वास था कि इसी स्रोत से दमन, अन्याय और हिंसा के प्रतिकार की ऊर्जा मिलती है। मुझे लगता है कि यही एक कारण था कि गाँधी जी अन्त तक सावरकर की बात बलिदान और बलिदान के प्रति आस्था की अमिट कड़ी के रूप में करते थे। गाँधी के लिए ऐसा कह पाना

किसी और धरातल से सम्भव नहीं था। अब उद्धरण देता हूँ। पहला उद्धरण सावरकर के 'इसेन्शियल्स ऑफ़ हिन्दुत्व' से :

> यदि कभी हिन्दू ऐसी स्थिति में हों जहाँ से वे समस्त विश्व पर शर्तें लागू कर सकें—वे उन शर्तों से बहुत अलग नहीं हो सकतीं जो गीता में अंकित हैं, या जो बुद्ध ने निश्चित कीं। हिन्दू नितान्त हिन्दू होता है, जब वह हिन्दू नहीं रहता और शंकर के साथ एक स्वर हो समस्त पृथ्वी को बनारस घोषित करता है ('वाराणसी मेदानी!') या तुकाराम के साथ उद्घोष करता है, 'मेरे देश बन्धुओ, समस्त विश्व के सीमान्त, वहीं सीमाएँ मेरे देश की।'

विनायक दामोदर सावरकर
'इसेन्शियल्स ऑफ़ हिन्दुत्व'

Whenever the Hindus come to hold such a position whence, They could dictate terms to the whole world- those terms can not be very different from the terms which Gita dicates or the Buddha lays down. A Hindu is most intensely so, when he ceases to be a Hindu; and with Shankara exclaims the whole earth for a Benaras, 'Varanasi Medani!'or with a Tukaram exclaims, 'Amuche Swadesh! Bhuvantrya madhyare Vas! My Country! oh! Brothers. The limits of the universe–there the frontiers of my country lie!

V. D. Savarkar
'Essentials of Hindutva.'

दूसरा उद्धरण गाँधी जी का है :

'जैसे ग़लत जगह रखी वस्तु गन्दगी बन जाती है, तर्क का दुरुपयोग पागलपन बन जाता है।'

मोहनदास कर्मचन्द गाँधी
'यंग इंडिया', १४ अक्टूबर, १९२६